Wolfgang Hildesheimer
Wo wir uns wohlfühlen

Mitteilungen aus Italien und Poschiavo
Ausgewählt und mit Abbildungen
herausgegeben von Dietmar Pleyer

Insel Verlag

Insel-Bücherei Nr. 1284

»Wo wir uns wohlfühlen
und zu Hause sind
und die Sprache verstehen
und essen, was wir zu essen bekommen«

Wunschtraum, 1991

Für Silvia Hildesheimer

… e chiusi gli occhi, fingendo per un poco d'esser
tornato indietro, a qualche bella, passata stagione

Elsa Morante, L'isola di Arturo

Eine Vorbemerkung

In den Jahren 1995 bis 1999 war ich oft in Poschiavo bei Silvia Hildesheimer zu Gast. Zunächst zur Konzeption einer Ausstellung, später, um mit ihr den Band *Briefe* von und an Wolfgang Hildesheimer herauszugeben. Durch Silvia Hildesheimer lernte ich viele Menschen und Orte im Val Poschiavo und im italienischen Valtellina kennen, die ihr Mann schätzte und liebte. In dieser Zeit wurde mir auch die Bedeutung seiner Zeilen in den *Mitteilungen an Max* so richtig bewußt, beginnend mit »Ich bin eben immer wieder ein andrer ...«

Dieses Buch entstand als spontane Reaktion auf ein Radiofeature: aus dem Wunsch, auf Texte aufmerksam zu machen, die ein anderes Hildesheimer-Bild in Erinnerung rufen als den späten, immer wieder unter dem Zeichen des Scheiterns gesehenen Pessimisten. Die hier ausgewählten Textstellen aus Briefen, Notaten, Schriften und Interviews sind eine Hommage Wolfgang Hildesheimers an Italien und an Poschiavo, das Graubündner Städtchen nahe der italienischen Grenze, wo er von 1957 bis zu seinem Tode 1991 lebte.

Dietmar Pleyer
Hungen, im März 2006

Italien war herrlich
1937-1990

Ich habe da vielleicht etwas übertrieben, wenn ich die Romanischen Völker die einzig zivilisierten Völker nenne. Was ich eigentlich meine, ist, daß mir ihre Nationalcharakteristica am meisten liegen.

1

Den ersten Tag in Venedig war es ganz schön, dann bewölkte es sich immer mehr. Ich fuhr sofort in die Casa Petrarca und aß Abendbrot. Meine Tischnachbarn waren

1. Eine Engländerin, die auf einer Vergnügungsreise nach Jugoslawien war (sehr nett und vergnügt).
2. Ein Italiener mit guten Tischmanieren, mehr kann ich über ihn nicht sagen.
3. Eine Engländerin, die mit ihrem Auto durch Italien fährt und die es in sich hat (ich meine nicht das Auto). Klug und hübsch.
4. Eine amerikanische Studentin aus Paris auf der Heimreise. Hübsch.
5. Ein Kolonialbeamter aus Indien, ein goldrichtiger Engländer. Nett, klug, ungefähr 40 Jahre, pensioniert, lebt dauernd in Italien.
6. Ein alter Geistlicher aus Manchester.

Ich bin schon wieder ganz auf der Höhe mit meinem Englisch durch die Unterhaltung bei Tisch. Alle bewunderten meine Aussprache.

Am ersten Abend in Venedig bummelte ich natürlich sofort durch die Straßen und fand es herrlich, allein zu sein. Allein zu reisen ist überhaupt das einzig Wahre, weil man sich nach niemand zu richten braucht.

Dienstag vormittag gelangte ich also auf vielen Umwegen zum San Marco und schaute mir die Markuskirche und den Dogenpalast an. Einen Mordsschreck bekam ich vor den Tintorettos und ergriff sofort die Flucht, ohne mich noch einmal umzuschauen.

Dann bummelte ich zurück, durch die herrlichen Geschäfts-

straßen, kaufte mir für 15 lire ein paar herrliche Handschuhe, fiel mehrere Mal fast in den Kanal, gelangte zur neuen Brücke anstatt zur Rialtobrücke, begegnete hunderten von Katzen, einer arischen Reisegesellschaft und kam schließlich doch nach Hause.
Nach dem Mittagessen (ausgezeichnet) schlief ich und kam auf die Idee, zum Lido zu fahren, fuhr hin und bereute es nicht. Dort fuhr ich mit der Straßenbahn an den Häuschen und Gärtchen vorbei, freute mich über das Grüne, schaute mir die Promenade mit den Grandhotels an, begegnete dort keinem Menschen, war glücklich über mein Alleinsein und ging vor lauter Glück ins Aquarium, obwohl ich mich noch nie für Fische interessiert habe.
Dann fuhr ich zurück, trank Kaffee und Cognac im Florian (ein Café, wie es sein muß), schaute mir noch ein paar Geschäfte an und fuhr im Dampfboot nach Hause.
Nach dem Abendbrot unterhielt ich mich mit Nr. 5 (siehe vorne) sehr gut, dann schleppte ich die beiden Damen Nr. 3 und 4 (siehe vorne) ins Teatro Malibran, wo der ›Trovatore‹ gespielt wurde. Spiel, Aufführung, Kostüm und Bühnenbilder waren grauenhaft, aber gesungen wurde herrlich.
Es ist interessant, wie populär die Oper hier ist, jeder Straßenjunge pfeift Verdi und Puccini.
Die Begeisterung des Publikums machte mir großen Spaß, nach den Koloraturstellen klatschte man, wie besessen.
Mittwoch bin ich zum S. Marco gelaufen, war auf dem Campanile, leider war das Wetter zu schlecht, um die Berge sehen zu können, dann ging ich in den schönen Park, ich weiß nicht, wie er heißt, schaute mir den Colleoni an, nahm mir eine Gondel, fuhr unter der Seufzerbrücke durch und dann den Canale Grande nach Hause. Auf dem Wege machte mich der Gondoliere, der etwas Englisch sprach, auf den Palazzo, in dem Byron

gelebt hat, und auf den, in dem Browning gestorben ist, aufmerksam. Canalfahren macht Spaß.

Nachmittags lief ich zum Fondamente Nuove, fuhr von da zum Cimeterio, einem sehr schönen alten Kloster, das eine ganz kleine Insel einnimmt, mit einem schönen Garten, wandelte dort in den Spuren Casanovas, dann fuhr ich nach Murano, wo ich mir Glasbläsereien anschaute.

Es ist sehr interessant, es werden herrliche Sachen dort gemacht, Ihr kennt sie ja, Vasen und Gläser usw.

Sonst ist Murano eine schmutzige Insel mit lauter Kohlenlagern.

Dann fuhr ich zur Santa Maria della Salute, die auch von innen ziemlich enttäuschend ist.

Die Venezianer scheinen sehr fromm zu sein. Dauernd verschwinden Damen und Herren in den diversen Kirchen, als ob es Bedürfnisanstalten wären.

Abends ging ich ins Cinema Massimo, wo ein entzückender englischer René-Clair-Film gespielt wurde: ›The Ghost goes west‹.

Dann fuhr ich noch spät zum San Marco, um Abschied zu nehmen, und trank noch Café dort.

Donnerstag nahm ich also Abschied von meinen Engländern … und schaute mir das einzige moderne Gebäude Venedigs an, die Garage, die übrigens wirklich phantastisch gebaut ist. Überhaupt, der ganze Betrieb und Verkehr ist dort ausgezeichnet, ebenso die schönen elektrischen Autobusse nach Mestre.

Frühjahr 1937

Wolfgang Hildesheimer in Venedig, 1954

2

Italien war herrlich. Wir waren zuerst in Verona, eine herrliche alte Stadt (natürlich wie auch Padua besonders berühmt durch Romeo und Julia) mit einem römischen Amphitheater, das innen noch phantastisch gut erhalten ist. Unser Hotelwirt erzählte uns beim Abendessen über die herrlichen Festspiele, die sie dort haben, zählte sämtliche Opern auf, mit Besetzung, Dirigenten etc. Dasselbe wiederholte sich in Venedig und Padua und überhaupt überall, wo wir hinkamen. Es ist tatsächlich das, was die Italiener am meisten interessiert, tausendmal mehr jedenfalls als Politik, Krieg und Militarismus. Vor den Gramophongeschäften sammeln sich allabendlich Hunderte von Menschen aller Altersgruppen an, die stundenlang andächtig den Gesangsplatten zuhören. Dabei sind auch kleine Jungen und Katzen.

In Venedig waren wir vier Tage und taten alles, was uns einfiel, schwammen im Lido, aßen in kleinen trattorie (herrliche Langusten und Hummer), fuhren in Gondeln herum, besuchten sämtliche Kirchen, tanzten in einem Schiff, waren bei der Eröffnung einer modernen Kunstausstellung und hatten einen drink in Harry's Bar, einem internationalen Treffpunkt.
Auf der Rückreise waren wir zuerst in Padua, wo eine unglaubliche romanische Kirche ist, Basilica San Antonio (der heilige Antonius ist in Padua geboren), und eine der ältesten Universitäten in Europa, und dann in Colle Isarco (Gossensass) am Brenner.
Es war zuerst ziemlich schrecklich, wieder in Deutschland zu sein. In Italien macht es mir nichts aus, auch mal in einem überfüllten Zug mich herumzudrängen, weil ich die Italiener liebe.

September 1947

3

Wir fanden es beide herrlich in Lugano …
Wir hatten eine herrliche Heimfahrt, am Nordende des Comersees entlang, dann in ein Alpenquertal, wo es überhaupt keine Fremden gibt. Wir übernachteten in einem Städtchen namens Edolo, fuhren am nächsten Vormittag durch das östliche Südtirol, aßen in Meran Mittag …
Das Wetter war herrlich, erst an der deutschen Grenze kamen wir wieder in naßkaltes Herbstwetter, und so ist es jetzt noch. Es ist die ganze Zeit bereits geheizt.

München, Oktober 1954

4

Ralf: Hierzulande denkt man nicht an den Winter.

Verena: Nein?

Ralf: (*schwärmerisch*) Wir sind in Italien, liebe Verena, dem (*mit Pathos*) ›Land wo die Zitronen blühn!‹ – (*sachlich*) Goethe.

Verena: ... die Datteln und Bananen, die Kokosnüsse, – (*sachlich*) Schiller.

Ralf: (beleidigt) Du übertreibst!

Verena: (*Schwärmerei parodierend*) ... dem Land der Übertreibungen, der ungehemmten Wonne unter strahlenden Himmeln.

Ralf: (*pedantisch*) Nun, auch der sonnige Süden ist nicht frei von meteorologischen Störungen. (*Räuspert sich, dann mit anderer Stimme*) Doch sprechen wir jetzt nicht davon. Schließlich sind wir hier um seine Schönheit zu genießen! *Der schiefe Turm von Pisa*

5

12. Februar, Villa Barbarigo, Villa zerfallen, Pförtnerhaus existiert noch, Labyrinth intakt, Schauplatz einer Szene zwischen Studenten, der Tod tritt auf, Studenten verirren sich im Labyrinth, ein Wärter erscheint auf einer Erhöhung, dirigiert sie zurück, neben ihm ein Hund, scheußlich, einer von denen, die von Renaissancemalern erfunden zu sein scheinen – etwa Mantegna, Camera degli sposi in Mantua – allmählich tauchen die Studenten erschöpft aus dem Labyrinth – sie haben den Tod gesehen. Mit wem war ich?

Ausrufe: Fa buio – Non lo trovo etc. 1963/64

Villa Barbarigo

6

Villa Barbarigo hieß sie. Nein, diese Dinge vergesse ich nicht, noch nicht. Villa Barbarigo. Aber die Villa war nicht mehr da, sie war verschwunden, die Zeit hatte sie gefressen. Dort, wo ihre Zähne nicht gefaßt haben, hatte sie einen Rest von Stallungen übriggelassen, blätternd, bröckelnd ... da war das Labyrinth, in einem langen späten Frühling, mit seinen engen, mannsbreiten, tückischen Gassen zwischen Taxuswänden, Taxusmauern, mannshoch, ... eine Handvoll junger Leute, wahrscheinlich Studenten aus Padua, liefen durch die Gassen und fanden einander nicht und fanden auch den Ausgang nicht, lachend riefen sie einander Anweisungen zu, a sinistra, a destra, diritto, sempre diritto, dov'è, sono qui, sie lachten, ja, aber es klang wie ein Lachen mit trockenem Mund, es klang, als lachten die Augen nicht mehr mit, als hätten sie sich ausgelacht. Und schließlich dämmerte es, es wurde dunkler im Park, schwärzer im Laub, und sie suchten immer noch, ... bis ein Wärter kam, der betrat, begleitet von seinem Hund, den Altan, von dem man das Labyrinth überblicken konnte, er überblickte es ernst, nahm das Bild auf, wie ein Feldherr die Lage der Schlacht, und streute ein paar knappe strenge Anweisungen hinab über die jungen Leute, die nun stumm waren. Er warf ihnen die Lösung des Rätsels hin, und da traten sie wieder hervor, langsam, einer nach dem anderen, ernüchtert, die Augen von einem kurzen Schrecken getrübt, als hätten sie dem Tod ins Angesicht gesehen. *Tynset*

7
Über Literatur lese ich nicht viel. Ich sage nicht, daß man von Literaturwissenschaftlern nicht lernen kann. Ein italienischer Extraordinarius hat mir beigebracht, wie man die venezianische Bohnensuppe kocht. Unter den Schülern befand sich auch ein Ordinarius, Germanist. Wenn Sie es wünschen, kann ich die Namen nennen. Die besten Rezepte habe ich von einer italienischen Tagung über Literatur mitgebracht. Thema der Tagung: »umorismo e avanguardia«. 1965

8
Mittags schon in Ferrara, den Vorgeschmack des Bosco schon auf der Zunge, den selbst viele Emilianer nicht zu kennen scheinen, und hätte Silvia nicht Ungarettis Reiseberichte aus der Polesine übersetzt, so hätten auch wir nie von ihm gehört, empfohlen wird er nicht. Ungaretti fand ihn übrigens salzig, wir finden ihn eher süß.
Der erste Schluck Rotwein des Tages ist der beste, es lohnt sich, sich auf diesen Augenblick während des Vormittags zu freuen,

das Ziel ist so nah, und in Italien wird man selten enttäuscht. Er muß unbedingt genommen werden, bevor man den ersten Bissen zu sich genommen hat. Mai 1966

9

Drei Tage waren wir in Florenz, da war die Zeit ziemlich gedrängt, wir haben viele Freunde gesehen, waren den ganzen Tag eingeladen, und ich habe viele Johannesgespräche geführt, zum Teil mit sehr bedeutenden Leuten, die natürlich alle sehr gespannt auf ein Buch über einen Papst von einem Atheisten und Kirchengegner sind. Ich selbst bin nicht minder gespannt, denn von der Form habe ich noch keinen rechten Begriff. Aber die Italiener sind eben bezaubernd und geradezu unglaublich hilfsbereit. Padre Balducci, der selbst ein Buch über Johannes geschrieben hat, stellt mir sein ganzes Material zur Verfügung, und Prof. Ranchetti, der Kirchengeschichtler der Universität Florenz, gibt mir Doktorarbeiten seiner Studenten. Wir haben uns sehr wohlgefühlt und sind nun wirklich in Florenz sehr zu Hause. März 1971

10

Nachdem wir einiges Material über die Frankreichreise durchgearbeitet haben, hat uns die Lust ziemlich verlassen ...
und nun wollen wir doch lieber irgendwohin reisen, wo wir uns wohlfühlen und zu Hause sind und die Sprache verstehen und essen, was wir zu essen bekommen, und sind auf Apulien gekommen.
Hoffentlich findest Du die Idee so gut, wie wir sie finden. Alle, die dort waren, sind begeistert, sogar von der Landschaft, obgleich es – außer auf der Gargano-Halbinsel, die wir kennen,

auf die wir aber wieder wollen – ziemlich flach ist. Es gibt herrliche Kirchen und weltliche Architektur. Es ist zwar ziemlich weit, aber wir wollen es in kleinen Etappen machen und möglichst Straßen fahren, die wir noch nicht gefahren sind, was es allerdings in Norditalien kaum noch gibt. Zurück wollen wir dann durch die Abruzzen fahren, eventuell an der Küste in Tarquinia einen Halt machen, aber das können wir uns ja noch überlegen. Juni 1984

11

Nächsten Montag fahren wir dann nach Galzignano bei Montegrotto zur Kur. Der Ort – soweit man drei Hotels einen Ort nennen kann – liegt viel schöner als Montegrotto und als Abano, direkt bei den Euganeischen Hügeln, und unser Hotel ist, glaube ich, sehr schön.

Danach fahren wir noch ein paar Tage nach Venedig, wo wir schon sehr lange nicht mehr waren. Februar 1985

Colli Euganei

Küste mit Phänomenen, 1983

12

In brauner Nacht, so dichtet Nietzsche, habe Venedig aus seiner Seele ein Saitenspiel gemacht, er stand an einer Brücke, zitternd vor bunter Seligkeit.

Nietzsches Seele ein Saitenspiel, das nehme ich gern hin, wenn auch gewiß nicht ohne starke Zweifel. Auch Venedigs braune Nacht gern: sie hat eine andere Bräune als die ihres Untergangs im Schlamm. Halte ich mich, bis auf weiteres, fest an der bunten Seligkeit, wer täte es lieber als ich! Freilich wird es mir schwer, denn leider ist meine Seele alles andere als ein Saitenspiel. –

Mein Glas ist leer. *Masante*

13

Wir waren gerade in Mailand, bei unseren Kindern, die ein Vergnügen sind, und bei einer Gedenkstunde für Hein Böll im Goethe-Institut, simultan gedolmetscht, recht gut. Im März sind wir in Rom, wo ich über Gott und die Welt rede, gefragt von Pepe Bevilacqua ... Anfang 1986

14

Unsere diversen kurzen Reisen waren ganz schön, Wetterpech abgesehen. In Mendrisio – es ist erstaunlich, daß jetzt auch kleinere Städte ihr museo d'arte haben – war eine wunderbare Jules-Bissier-Ausstellung, in Locarno Graham Sutherland, auch sehr schön. Dann sind wir am Lago Maggiore entlanggefahren, weil wir uns eine Bleibe für Februar und März suchen wollten – aber alles ist belagert von Autobusladungen von Massentouristen, zwar wohl im Februar nicht, aber dann kommen die alten Leute, die zwar nicht älter sind als wir selbst, aber eben anders. Und so bleiben wir denn bei Meran, das wir nach meinem Vortrag besucht haben. Es ist eine ganz schöne Stadt, die Südtiroler sind auch nicht schlimmer als die meisten. Wir haben dort im Hotel Meranerhof, mitten in der Stadt, am Fluß ein großes Zimmer mit Südbalkon gemietet, das ganze Hotel ist sehr geräumig, und dort werden wir von Mitte Februar bis Mitte März bleiben. Woran ich arbeiten werde, weiß ich nicht, aber irgendwann werde ich vielleicht wieder einen Vortrag annehmen. Vielleicht zeichne ich aber auch nur.

Mai 1988

15

Immer weniger jetzt, aber wir sind sehr viel gereist, mit der Bahn und am liebsten im Auto. Wir haben Tausende von Kilometern zurückgelegt. Ich finde auch, nur wer auf der Erde reist, reist wirklich. In einer Atmosphäre in die Luft zu gehen und in einer ganz anderen auszusteigen ist nicht dasselbe, als wenn Sie die ständige Metamorphose des Sich-vorwärts-Bewegens mitbekommen. Langsam verändert sich diese Vegetation, wird eine andere. Jedes Element ist anders, Sie bewegen sich in einer anderen Atmosphäre, die Sonne scheint anders, es sind andere Wolkenformationen. Das ist für mich Reisen. April 1990

16

In New York werde ich Dich wohl kaum besuchen, denn ich fliege nicht. Ich besteige kein Transportmittel, das in dem Element, in dem es sich vorwärtsbewegt, sich nicht auch rückwärtsbewegen oder stehenbleiben kann.

Mitteilungen an Max

Eigentlich gehört es geographisch zu Italien
1956-1969

Wir wohnen da schon lange und sind da zu Hause. Wir haben noch nie an einem Ort so lange gelebt wie in Poschiavo.

1
Das Malcantone (im Tessin) ist landschaftlich herrlich, obgleich ich mir vorstellen könnte, daß es im Spätherbst und im frühen Frühling nicht so schön ist, denn es sind dort nur Laubbäume. In Breno hatten wir sogar schon ein altes Haus besichtigt, das zwar im Ort, aber doch zauberhaft schön liegt, aber der Architekt, den wir zuzogen, sagte uns, daß die nötigen Reparaturen und Ausbauten ein Vermögen kosten würden, etwa soviel wie ein neues Haus. In Arosio – auch Malcantone – dagegen kann man ganz billig Grundstücke kaufen, aber dort schreckte uns – selbst wenn man das erwogen hätte – die Tatsache ab, daß sich dort schon ziemlich viele Leute Häuser bauen und es dadurch die Ruhe und Abgeschiedenheit verliert. Außerdem müßte man sich das Bauen erst sehr lange überlegen. – Und so bleibt vorläufig *Poschiavo*, wo die Landschaft etwas schroffer ist, das aber ein sehr gutes Klima haben soll: nach Süden offen, sehr mild, trocken und etwas über 1000 Meter hoch, ein winziges Städtchen mit zwei Hotels, von denen eines sehr angenehm sein soll, Läden, Apotheke, Arzt (sogar ein Krankenhaus), ganz in italienisch-bündnerischem Stil, sehr sauber, ganz ruhig, 15 Kilometer von der italienischen Grenze, etwa 170 nach Mailand und 340 nach München. Man kann dort sicher wunderbare Spaziergänge machen, aber glücklicherweise bietet es für Sommergäste sonst keine Attraktionen, also kein Kurleben, höchstens im Hochsommer ein Ausflugsziel von St. Moritz (über den Berninapaß). Zwar liegt es an einer Durchgangsstraße (die Stadt, nicht das Haus), aber sie ist nicht sehr befahren, da sie an der italienischen Seite nicht direkt zu einem Ziel oder auf eine größere Straße führt. Ich könnte mir vorstellen, daß dort auch im Winter das ideale Arbeits-

klima ist. Eine endgültige Lösung ist die Wohnung noch nicht, obwohl sie sehr geräumig, das Haus sehr sauber ist und von den vorderen Zimmern auch eine sehr schöne Aussicht hat. Natürlich haben wir uns noch nicht ganz dazu entschlossen, aber wir nehmen jetzt mit dem Besitzer Verhandlungen auf. Schließlich riskieren wir ja nichts, wenn wir sie – wenn auch zunächst nur für einige Monate – ausprobieren. Wir können uns aber auch sehr gut vorstellen, daß wir dann später doch bei dem *Ort* Poschiavo bleiben. Jedenfalls stehen wir jetzt in Kontakt, nicht nur mit dem Hausbesitzer (ein sehr angenehmer junger Mann, der in England geboren ist), sondern auch mit dem Drogeriebesitzer, der der Vorsitzende des Verkehrsvereins ist und sich unseren Plänen gegenüber sehr aufgeschlossen zeigte.

August 1956

2

Graubünden ist ja ganz unschweizerisch, und das Poschiavotal, das eigentlich geographisch zu Italien gehört, noch viel unschweizerischer. Man spricht italienisch ...

1957

3

Die Kinder sind hier schöner als anderswo, die Erwachsenen aufgeschlossener und artikulierter als in anderen Gebirgstälern. Hier fehlt das Kleinkarierte, Spießbürgerliche, Engherzige, das Hosenträgerische, Hemdsärmelige. Das Puschlav lebt in Gelassenheit und Zurückhaltung, ist vornehm bis zum einfachsten Mann, es dienert nicht und schwitzt nicht. Selbst die notorischen Trinker des Tals – und Gott sei Dank gibt es auch solche! – sind nicht aggressiv, sondern melancholisch, und wenn man Damen mit häßlichen Hüten über die Piazza gehen

sieht, so kann man gewiß sein, sie kommen vom Norden, Hüte und Damen.
Hier, wo es nur einen einzigen, dazu beinahe unsichtbaren Polizisten gibt, wo soziale Unterschiede nach bestem Wissen ignoriert werden, wo eine Geburt ein Ereignis und ein Tod willkommene Gelegenheit zu allgemeiner Anteilnahme wird, wo kein vernünftiger Mensch so viel zu tun hat, daß er nicht zu jeder Tageszeit bereit wäre, eine halbe Stunde bei einem Glas Wein und einem Schwatz zu verbringen, bemächtigt sich des Zugezogenen das Gefühl, in einer intakten Welt zu leben, und wer gibt sich nicht gern diesem Gefühl hin?
Erlebnis des Unerwarteten

4
Hier ist es herrlich, wunderbares Wetter, herrliche Luft, Wohnung bis auf Diele und Gästezimmer eingerichtet, (meine Mutter, die zu Besuch da ist, wohnt in meinem – herrlichen! – Arbeitszimmer, was ihr zur Not auch könnt, wenn ihr kommt, bevor das Gästezimmer fertig ist), Veltliner Wein fließt in Hülle und Fülle, Melonen, Bel Paese, und natürlich bin ich vor lauter Einrichten noch nicht zur Arbeit gekommen. Dies in Stichworten unser Zustand. August 1957

5
Es geht mir also gut. Ich wache auf mit einem Lied auf den Lippen, was allerdings insofern ein wenig langweilig wird, als es immer dasselbe Lied ist …
Eine Zeitlang war das Lied meiner Lippen: ›Sah ein Knab' ein Röslein stehn‹, aber spätestens bei der Passage ›Mußt' es eben leiden‹, die ich übrigens für schwach halte, hörte ich auf, denn inzwischen hatte sich mein Sinnen und Trachten auf das

Wachen eingestellt, in dessen Programm der Gedanke über das Leid einer gebrochenen Blume nicht enthalten ist. Und ihn jetzt aufzunehmen gestattet unsere Zeit nicht. Das Trachten habe ich übrigens inzwischen aufgegeben, es kam nichts Rechtes dabei heraus. *Mitteilungen an Max*

Silvia und Wolfgang Hildesheimer mit einem Besucher auf dem Weg zum Devon House (vorletzte Dachgaube) in der Via dei Palazzi

6

Wir genießen alles sehr, auch die Arbeit in völliger Ruhe. Ich arbeite hier sicher über doppelt soviel wie vorher. Allerdings brauche ich jetzt doch einen Ausgleich, weil sich meine Gedanken doch zuviel mit meinen Themen und Projekten beschäftigen, und ich habe mir deshalb in St. Moritz Wasserfarben und Tusche gekauft und will jetzt daneben wieder ernsthaft anfangen zu malen, zunächst zu zeichnen.

Inzwischen haben wir hier auch ›Anschluß‹, und zwar Dom Bruno Ravagnan, Kaplan von Cologna, Venezianer, der uns beim Einkaufen in der Konditorei ansprach, den wir daraufhin zum Tee einluden und der uns inzwischen regelmäßig besucht. Er spricht deutsch, aber wir wollen es, ab morgen, mit Italienisch versuchen. November 1957

7

Ich möchte es symbolisch sagen: es ist nicht leicht, in einer Sprache heimisch zu werden, in der ›ein Ding machen‹ und ›eine Sache tun‹ dasselbe sind. Oder in der zum Beispiel sich nur aus dem Kontext ergibt, ob das Wort ›tempo‹ ›Zeit‹ oder ›Wetter‹ bedeutet. Gewiß gibt es diese Doppeldeutungen auch in anderen Sprachen, aber sie sind eindeutiger unterschieden, entweder als semantische Begriffserweiterung oder als scheinbar zufälliges Zusammentreffen zweier Bedeutungsträger, während sie in den romanischen Sprachen oft demselben Begriffsradius entstammen, innerhalb dessen sie nur durch einen Gedankensprung voneinander entfernt sind. Ob Schloß ein Gebäude oder Teil einer Tür, ein Korb eine Absage oder ein Rezeptakel, der Kater ein Tier oder ein Zustand ist, bedarf keiner Deutung, es liegt schon am Anfang jedes Textes offen zutage. Aber ob das Wort ›coscienza‹ ›Gewissen‹ oder ›Bewußtsein‹ bedeutet, ergibt erst der engere Kontext. Ich denke, daß für den Nichtitaliener die Subtilitäten des Italienischen, die Skala ihrer Facetten und Nuancen sich nicht in Wortreichtum offenbaren, sondern auf einem Gebiet, das sich schwer beschreiben läßt, in der Musik wäre es das der Modulation und des Ornamentes, das ja, als musikalischer Begriff, aus Italien stammt. Über einen Mangel an Wörtern – also reinen Vokabeln – hat sich übrigens schon Leopardi beklagt. Mir selbst kommt es oft vor, als bestünde zwischen Italienern eine stillschweigende Konvention, ihre Wörter je nach Qualität der jeweiligen Rede und dem Niveau der Gelegenheit auf- und abzuwerten. Wenn ich einem mir bekannten Wort auf einer unerwarteten Sphäre begegne, schlage ich nach, und siehe da: das Wort hat eine andere ungeahnte Bedeutung dazugewonnen. Jedermann hat sich natürlich daran gewöhnt, daß ›senso unico‹ ›Einbahnstraße‹ heißt. Es könnte aber auch, nicht notwendig durch Umstellen der Wörter, ›Einziger Sinn‹ oder gar ›einmalige Sinnlichkeit‹ heißen. – Die Tatsache, daß ein Wort übersetzbar ist und wir es als solches im Lexikon finden, bedeutet ja noch nicht, daß es wirklich ein Wort im Italienischen dafür gibt. ›Laut‹ und ›leise‹, ›heiß‹, ›winzig‹ kann man übersetzen, aber nicht rastergemäß eindeutig reproduzieren.

Der Autor als Übersetzer – der übersetzte Autor

8

Bei uns ist im Augenblick Föhn, Nordföhn, eine besonders unangenehme Gattung, der aber glücklicherweise nur selten vorkommt, und ich bin ziemlich ›lätschert‹ und mag nicht recht arbeiten. Zum Glück kommt es mir hier, wo ich ohnehin viel mehr arbeite, auf einen Tag, oder sogar auf einige Tage, nicht so an. So habe ich den Tag vertrödelt, habe einiges eingekauft, an der Piazza mit den Briefträgern einen Espresso getrunken, über das Wetter gesprochen – es war inzwischen schon sehr kalt –, dann mit Crameri über den bevorstehenden Ball des Automobilclubs gesprochen – das Ereignis des Poschiaver Jahres: am 18. im Suisse, in Abendanzug, mit vorherigem Diner. Es wird Truthahn geben, und es kommt der – anscheinend bedeutende – Koch des Albergo Stelvio von Tirano dazu herauf.

Januar 1958

9

Rezept

Feiertägliche Gäste kocht man am besten
In einem großen Topf von Eisen, auf dessen
Blankgescheuerter Außenwand man male.
Man male kühn, in strotzenden Farben,
Die sieben Menschenalter und, wenn noch Platz ist,
Ein kleines Haus, –

Und zwar gesehen durch die Brille eines Kochs
Aus Leidenschaft; eines Kochs, der vor Selbstgekochtem
Sowenig zurückschreckt wie vor festlichen Gästen. –
Der Topf ist groß, doch fehlt der Deckel.
Auch einen Boden hat er nicht. Und dadurch gleicht sich
Alles wieder aus. 1958

10

Eventuell wollen wir auch noch diesen Monat nach Bologna fahren, wo wir Morandi in seinem Atelier besuchen wollen, denn erstens haben mich seine Bilder immer so begeistert, und außerdem möchte ich etwas über ihn schreiben.
Ich habe unbedingt das Gefühl, daß ich weitermalen sollte, die ersten Anfänge sind sehr vielversprechend. Mein Arbeitszim-

mer hat sich inzwischen fast in ein Atelier verwandelt, und morgens beim Frühstück frage ich mich öfters: male oder schreibe ich heute? Januar 1958

11

Der Paß ist geöffnet. Sie fahren also am besten Chur – Silvaplana – St. Moritz – Pontresina – Berninapaß.
Sie durchfahren den ganzen Ort. Fast am Ende geht eine Straße im rechten Winkel links ab. Sie hat nur auf der linken Seite Häuser. In dieser Straße ist es das sechste (oder siebente?) Haus. Draußen ist ein Schild: Devon House. Mai 1961

12

Für den Gang durch das Haus ist es noch zu früh, das kommt später, wenn ich später noch immer nicht schlafen kann. Ich spare, ich schiebe meine nächtlichen Handlungen vor mir her. Später also werde ich aufstehen und durch das Haus gehen.
Ich stehe nachts mehrmals auf und gehe mindestens einmal durch das Haus, ich durchquere das große hölzerne Zimmer nebenan, in dem nichts ist als eine große angespeicherte Pause und ab und zu das hölzerne Geräusch und das Plätschern eines Brunnens, gehe durch die Bibliothek, bei deren Bücherwänden ich mich aufhalte oder nicht, betrete das steinerne Treppenhaus, wo ich, wenn es nicht zu dunkel ist, Hamlets Vater begegne – …
Vorbei also an diesem Blick, diesen Augen, hindurch unter ihrem erloschenen Strahl, und in den hinteren Schuppen, den zyklopischen Raum, wo im Sommer und im Herbst die Gewürzkräuter zum Trocknen hängen. Hier riecht es gut. Ich steige hinauf zum Fernrohr oder nicht, verlasse den Schuppen,

Nachtstück, 1965

betrete die Küche oder nicht, gehe die Treppe hinauf, ich sehe in die vier Zimmer im ersten Stock, in deren einem mein ungeheuerliches Sommerbett steht.
Hier schlafe ich im Sommer, erhöht, erhaben und luftig, in einer von Holz eingefaßten, vor Stille rauschenden Leere, hier also ist der Ausgangspunkt meiner sommernächtlichen Gänge, im Winter verweile ich hier selten, meist suche ich mir ein anderes Zimmer aus, eines, das voller Gegenstände steckt, und steige die Treppe wieder hinab. Höher hinauf gehe ich niemals, nicht nachts, ... weil es ganz oben nur noch ein einziges Zimmer gibt, das ist Celestinas Kammer, die betrete ich nicht. Von unten höre ich darinnen ihr Schnarchen, oder ich höre nichts, das bedeutet, daß sie vor einer Flasche Rotwein sitzt oder mit ihr im Bett liegt und trinkt. Oder ich höre sie murmeln, das bedeutet, daß sie betet.

Tynset

13

Unser Hausbau wird nichts, wir wollen lieber später ein altes Haus kaufen. Inzwischen aber ziehen wir in eine sehr schöne geräumige Wohnung, wo es auch ein Fremdenzimmer gibt. Wir wohnen dort ab Ende November ...

[September 1961]

Blick auf die Casa Gay in der Via dal Cunvent.
Wolfgang Hildesheimers Wohnsitz ab Ende 1961

14
Unsere neue Wohnung ist ein Traum ... Dezember 1961

15
Ich sitze hier inmitten Tannenzweigen, Weihnachtsbäumen, Kindern und Kindeskindern und Weihnachtskarten (u. a. von 16 deutschen Verlagen, unter denen nur der Suhrkamp Verlag fehlt – ist das die Strafe für den verspäteten Ungaretti? –) und hoffe, daß ich einen Brief zustande bringe, – zu allem Überfluß läuten auch gerade die Glocken. Weihnachten 1962

16
Über den Berninapaß müssen Sie auf jeden Fall fahren, wenn Sie nicht über Italien kommen (Achtung! Rechts und langsam fahren, vor allem zu dieser Jahreszeit!), und es empfiehlt sich wohl auch, den Julier zu fahren. Zwar gibt es da wohl im August viel Verkehr, aber es ist eine breite gute Straße. Auf keinen Fall sollten Sie es in einem Tag versuchen, lieber den ersten Tag so weit wie möglich fahren und den zweiten genießen, wenn schönes Wetter ist und nicht *all*zuviel Verkehr, ist es eine herrliche Strecke.
Ich bin im Augenblick bei der Arbeit ein wenig behindert, da – außer Besuch und sommerlichem Nichtstun (und Zeichnen) – allerlei Disparata dazwischengekommen sind. Außerdem hatte ich mich schon vor längerem breitschlagen lassen, zu der Reihe ›Meine Landschaft‹ im Reiseteil der ›Zeit‹ beizutragen, ich habe über das Veltlin geschrieben – das wir zusammen besuchen werden –, bin Gottseidank fertig, aber eine Woche habe ich doch an den vier Seiten geschrieben. Juli 1966

17

Das Veltlin bezeichnet ein Tal, durch das die Adda fließt, im Frühjahr am Wachstum ihrer Ufer zerrt und im Herbst, sich zerfasernd, Kiesbänke freigibt. Es ist hundertzwanzig Kilometer lang und windet sich vom Stilfser Joch bis Bormio, schlängelt sich, schon ein wenig breiter, von Bormio bis Tirano, zieht sich in ein paar ausladenden Kurven von Tirano bis Morbegno und dehnt sich von hier in einer kurzen, aber breiten Durststrecke bis zum Comer See.

Das obere Veltlindrittel ist meine Landschaft nicht: baumloses Hochgebirge habe ich zu Hause, wenn ich nach Norden aus meinem Schlafzimmerfenster sehe. Meine Landschaft ist der mittlere Teil. Sie beginnt dort, wo die Weinberge beginnen, also bei Tirano, genauer gesagt, beim Servitenkonvent von Madonna di Tirano, wo ich meinen Freund Padre Camillo abhole, um mit ihm fünfzig Kilometer Adda-abwärts zu fahren, zu einem anderen Freund, Angelo, Maler, nach Regoledo di Cosio, wo mein Veltlin und die Weinberge aufhören. Der Rest ist Erwartung des Sees und Verheißung einer anderen Landschaft. Zwischen Camillo und Angelo liegen ein paar Städtchen: Sondrio zum Beispiel, die Provinzhauptstadt, wo ich Kaffee trinke und Artischocken kaufe oder Käse aus Livigno in vier verschiedenen Reifegraden; oder Chiuro, wo das Unerwartete in Form alter Patrizierhäuser mit schönen Innenhöfen unentdeckt und beinah unentdeckbar schlummert. Auch andere Orte liegen am Weg, aber ihre Namen sind weniger wichtig als die der oberhalb liegenden Weingüter und ihrer Sorten: Sasella, Valgella, Grumello, Fracia (weiß) und – als Extrem der Skala – Inferno und Paradiso.

Meine Landschaft

18

Italien hat Sommerzeit eingeführt, was zwar, was den internationalen Verkehr betrifft, zu großen Komplikationen geführt, uns aber eher angenehm ist, wir gehen zu unseren Abendessenverabredungen im Veltlin eine Stunde früher, es ist noch hell, beinah noch später Nachmittag, die Sonne steht hinter dem Monte Disgrazia, strahlt auf die Bergamasker Seite des Tals, leuchtet die Kirchtürme an, die aus den Kastanienwäldern ragen. Der kleine Terrassenvorsprung in San Giacomo gibt eine großartige Sicht frei, links beinah bis zum Adamello, rechts bis auf die Berge weit hinter dem Comer See, eine vielfache Kulisse von blauen Tönen, und im Tal die zerfaserte Adda, silbern – ich kann es leider nicht anders sagen. Wir holen Camillo in seinem Konvent ab, fahren hinauf. 1966

Mit Padres aus Tirano im Garten der Casa Gay, 1967
Neben Wolfgang Hildesheimer: Padre Camillo

19

CHI TOCCA MUORE! Diese Eisenplatte, gut gegossen, die Buchstaben erhaben geprägt, – so etwas wird heute nicht mehr gemacht. Chi tocca muore: das ist kurz, präzis, unmißverständlich. Ich habe das Schild von einem Hochspannungsmast abgeschraubt und seine Rundung geradegehämmert, jetzt liegt es fest und schwer auf den Zetteln, auch auf den kleinen, auf den Fahrkarten, Billets, Miniaturnotizen.

Der Mast stand neben einem Friedhof im Veltlin, nahe einer Trattoria, wo ich gern mit Padre Camillo und Padre David grüne Tagliatelle aß. Ich saß zwischen zwei Freunden, von beiden wohlbeschützt vor Papst und Kardinälen, und gleichzeitig umgeben vom schwarzen Segen einer Kirche, die es nicht gibt, die hier hinter grünen Tagliatelle erst entworfen wurde, aber niemals entstehen wird; eines luftigen Gebäudes in Gott, voller Freiheit. Eine Religion wurde da begründet, bei Veltlinerwein, die sich im Vorschweben erschöpft, meine beiden Tischnachbarn ergaukelten sich und mir eine große Sache, die nach der Mahlzeit wieder zusammenbrach. Die Trattoria heißt ›La Corna‹, hier die Karte, und ich empfehle sie befreundeten Essern, sofern sie noch leben und gerne grüne Tagliatelle essen, diese beiden Faktoren müssen allerdings zusammenkommen.

Masante

20

Hier ist tiefster Herbst, es lag schon Schnee, aber der ist wieder weggetaut. Vorige Woche waren wir zwei Tage im Engadin, um Freunde zu besuchen, auch wir hatten drei Tage Besuch von unseren Freunden Meuccis aus Florenz, die wieder Freunde mitbrachten, dazu Padre David Turoldo etc. Unsere italienischen Freunde sind eine Wonne und ein ganz großer Gewinn, es werden auch immer mehr.

November 1969

Cal Masante di Sopra
1966-1976

Wir sind hier in Italien seit über drei Monaten in Klausur, es ist eine geradezu horazische Idylle, wie sie eigentlich nicht mehr erlaubt ist.

1

Morgen fahren wir wieder für zwei Tage nach Urbino, wo die Überschreibung gemacht wird. Abends gibt unser Freund Sichirollo (Philosophieprofessor und Stadtrat) eine party für uns, zu der auch einige Leute der Universität kommen. Wir fühlen uns dort schon sehr wohl, und unser Italienisch macht Fortschritte.

März 1966

2

3

Urbino ist steinerne Renaissance, ihre unanfechtbare visuelle Darstellung in Ziegeln, und doch ist es kein Relikt, sondern eine Stadt, ja, Prototyp einer Polis, immer noch oder wieder. Sie lebt und ist lebendig …

Für unsere Stadtbesuche wählten wir meist die repräsentative Einfahrt vom höchsten Punkt, dem Piazzale Roma, auf dessen Mitte Raffael steht, der große Sohn der Stadt, in einer von Schulhistorie erträumten Götterlieblingspose. Von hier hebt es den Wagen über eine Schwelle, und unversehens haben wir die Stadt nicht nur vor uns, sondern auch unter uns; wir gleiten,

stark bremsend, hinab, in achtzehnprozentigem Gefälle, bis die Innenstadt uns auffängt und wir uns im Gemenge der Studenten befinden ...
Durch die Menge hindurch rollen wir zentimeterweise tastend quer über die Piazza, dem Privileg einer Garage entgegen, mit deren Besitzer ich um den Parkpreis handeln muß: ich will den normalen Tarif, er will nichts, nachdem ich ihm einmal eine Stange Schweizer Zigaretten mitgebracht habe, die mich, nach seinem Willen, für den Rest meines Lebens freihalten soll. Wir sind in Urbino eher untervorteilt als übervorteilt worden, in den Läden wurde eher abgerundet als aufgerundet.

Ein Abschied von Masante

4

Unser Haus heißt Cal Masante di Sopra, Adresse: 61020 Trasanni di Urbino (Pesaro), Italia. Wenn man aus Perugia, Spoleto (Rom) oder Florenz kommt, muß man die Stadt umfahren und in Richtung Pesaro (Autostrada Bologna) weiterfahren. Nach etwa vier Kilometern geht eine steile Kiesstraße nach links ab, und zwar vor einem eingezäunten Grundstück. Sie sehen unser Haus schon vorher, es liegt auf einer Anhöhe, sieht aus wie alle anderen Bauernhäuser, ist aber weiß. Dennoch, nicht zu früh abbiegen, die anderen Wege führen ins Nichts (ich meine für den Schriftsteller, für den Bauern sieht es anders aus).

Juni 1969

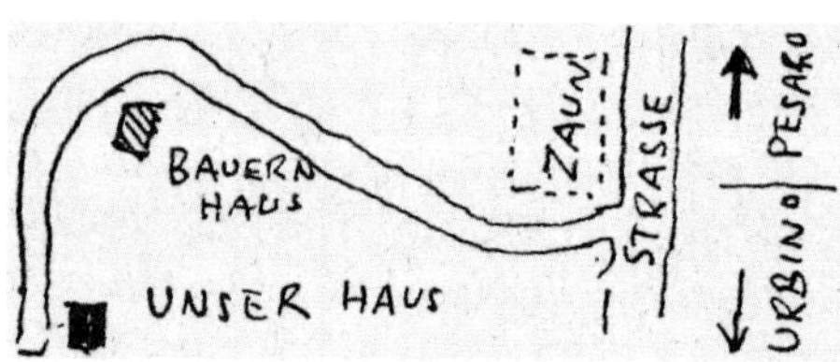

Urbino, 1966

Cal Masante di Sopra bei Urbino

5

Masante: was der Name bedeutet, weiß ich bis heute nicht, niemand konnte es mir sagen. Das ist mir recht, es gibt mir die Freiheit, meinen eigenen Mutmaßungen nachzugehen. Ich deute nicht besonders gern, aber ich verfolge gern alle Möglichkeiten bis zur Wurzel. Mir klingt der Name gut für ein Haus. Masante, das schreitet in abgewogenem Maß, im Andante würde ich sagen, wäre meine Beziehung zu diesem Zeichen nicht durch Richard Wagners Behauptung belastet, Andante sei das Zeitmaß alles Deutschen, es bezeichne das Deutsche schlechthin. Nichts gegen das Deutsche in seinen Grenzen des Andante, meinetwegen auch con moto; doch viel gegen den Anspruch, der es aus den Grenzen löst.

Masante, ein lockerer, leicht schüttelnder Ritt ohne Eile, der den Reiter auf seinem Pferd rhythmisch leicht über den Sattel hebt und wieder fallen läßt. Die Zügel werden lässig von einer Hand im Handschuh gehalten, auf der anderen Hand sitzt ein

Falke, vielleicht ein tückischer, wie der Todesvogel des Kardinal Vespucci. Vielleicht war es der Name eines Pferdes, auf dem der Montefeltro gern saß, unweit des Hauses Masante muß er vorbeigeritten sein, um seinem Feind Malatesta diesen Handschuh hinzuwerfen, da gibt es Ausblicke, doch verwertbar sind sie für mich nicht. *Masante*

6

Hier ist es herrlich, obwohl es jetzt schon gelber wird und wärmer. Aber das Grün ums Haus ist wunderbar gewachsen, auch die neugepflanzten Bäume kommen allmählich. Wir leben sehr zurückgezogen, trinken manchmal bei unserem Nachbarbauern ein Glas Wein – Sonntag waren wir sogar zum Mittagessen dort – und sehen hin und wieder unsere Urbinater Freunde, die im Augenblick mit unruhigen Studenten und Prüfungen überlastet sind. Trotzdem haben wir neulich mit Sichirollos und anderen Universitätsleuten in einem Landgasthaus gegessen, und danach kamen alle zu uns, um von unseren Kirschen zu essen, auch Carlo Bò, der Rektor, war dabei. So wurde unser Haus gewissermaßen eingeweiht. Juni 1969

7

Zu den roh zu essenden Früchten gehören auch die fave, *ein gröberer derberer Genuß. Auf deutsch heißen sie denn auch Saubohnen. In der Tat handelt es sich um Schweinefutter, das aber frisch vom Acker, am besten noch nicht einmal auf dem Umweg über die Läden, wunderbar schmeckt. Zudem ist die* fava *eine mythische, ja, eine archaische Frucht. Pythagoras wurde von seinen Feinden eingeholt und umgebracht, als er, aus religiösen Skrupeln, nicht wagte, einen Acker von* fave *zu durchqueren. Das war bei Girgenti, im Süden Italiens, es muß also Mitte Mai gewesen sein. In Urbino, wo ich sie esse, ist ihre Zeit Ende Mai, Anfang Juni. Man pflückt sie aus der Hülle und ißt sie mit magerem Käse oder Schinken und Brot zum Rotwein. Wer über genug Zeit verfügt und allein oder zu zweit ist, d. h. weder Gäste noch Familie zu füttern hat, kann die Kerne schälen – ein etwas langwieriger Prozeß – und sie, am besten langsam in einem Tongefäß, in wenig Olivenöl dünsten: Salz und Pfeffer und eine Prise Origano dazu, so wird es ein bukolisches Gericht, kulinarisches Symbol seiner Jahreszeit.*

Da nahm der Koch den Löffel

8

Uns geht es hier (in Italien) gut, das Haus ist nur mit dem Nötigsten eingerichtet, leider haben wir noch kein Gastzimmer, sonst würden wir Euch einladen. Ich bin in Klausur, schreibe an einem Buch, wozu, das weiß ich nicht, auch die Zeit der Literatur läuft aus.

Wir denken oft an Euch, hier hat man viel Muße, an tempi passati zu denken, hier herrscht klassisches Landleben, wie es eigentlich heute gar nicht mehr gibt, allmählich bekenne ich mich zur Idylle. Sag's niemand weiter: ich komme nicht mehr immer mit.

[Juli 1969]

9

Gut daß ich wenig mitgebracht habe! Dieses Zimmer bleibt, solange ich hier bin, leer, die Wand weiß, bis auf den Kalender. Hier an diesem Tisch, vor meinen Zetteln, will ich eine Zeitlang sitzen und versuchen, ein wenig hauszuhalten, zumindest solange es geht: empfangen, entlassen, ablegen, untersuchen, prüfen, anrufen, Anrufungen hören, antworten oder unbeantwor-

tet lassen; es meldet sich, meldet sich ab, verschwindet oder taucht zum letzten Mal auf; wenig Kommen, noch weniger Bleiben, viel Gehen; da leert es sich denn: Bestände werden aufgegeben, bis meine Umgebung hier ein leeres Lagerhaus wird, einer dieser verlassenen Speicher, wie ich sie früher gern hatte. Selbst wenn der rettende Gedanke ausbleibt, – ich will Ordnung schaffen. *Masante*

Wolfgang Hildesheimer in Cal Masante

10

Noch in Masante, Wind südsüdwest, sehr warm, Fest des kostbaren Blutes vorbei, Irenäus auch, auch Helmuth.
Weine: Lambrusco, Barbera (von meinem Schwiegersohn, unvergleichlich, suchen Sie sich Ihren Schwiegersohn gut aus!), mittelmäßigen Frascati mit Umberto Eco. Juli 1973

11

Im Augenblick heult der Wind so, daß es einen völlig verrückt macht, außerdem ist Sonntag, der Tag der Psychosen, wir werden also, obwohl es noch nicht elf Uhr (morgens) ist, bald zur Flasche greifen, mittags gibt es tagliatelle verde. April 1975

12

In Masante zum Beispiel weht immer ein Wind, wehen oft mehrere Winde zusammen, so daß es den Rauch der Herbstfeuer gleichzeitig in verschiedene Richtungen treibt. Sie wehen immer waagrecht. Kein Föhn, kein Fallwind, nichts von dem, was mich dort überfiel, wo ich früher wohnte, im Gebirge; was mich in die Knie zwang, zum Kriechen brachte, auf alle Viere, wie der Ire mich hier sieht; was die Bilder auslöschte und dumpfe Verwirrung in mir schaffte. In Masante, da weht es von Horizont zu Horizont, heraus aus allen Ecken der Erde und hinein in die Speichen des Rades der Windrose, auf dem Dach dreht es sich, oder es sitzt fest wie ein Storchennest. Acht Winde habe ich schon gezählt, aber es sind mehr, sechzehn sollten es sein, vier davon sind selten, zwei ausgestorben, bei Sueton noch erwähnt. Morgens kommen sie mir anders als abends, Mittagwind und Mitternachtwind, die kennen einander nicht, einer kommt mit knatternden Fahnen, läßt alles flattern, bläht sich zwischen Hemd und Haut, der andere zieht unter dem Bett hindurch, bringt dort vielleicht einen längst vergessenen, niemals beantworteten Brief ans Licht, einem Buch entfallen, das man die Nacht zuvor gelesen hat, bläst durch die Ritzen und ist den Dachziegeln gefährlich, Dachziegel fallen bekanntlich nur nachts, wie ja viele Schurken den Schutz des Dunkels brauchen, um sich in der Helle nicht als Bagatellen zu entlarven. Auch Dämme brechen nur nachts, aber das ist ein anderes Gebiet.

Masante

13

Da bis vorgestern Universitätsferien waren, haben wir hier ziemlich in Klausur gehaust, was auch für die Arbeit am besten war. Silvia hat nur ein paar Bleistiftskizzen gemacht und ein kleines sehr schönes Ölbild.
Leider war das Wetter meist schlecht, beinah immer Sturm und viel Regen. Zum Essen waren wir viel weg und haben ein paar wunderbare ganz einfache Tavernen entdeckt. Seit gestern ist nun wieder etwas Betrieb, und die letzten Tage gibt es einige Einladungen.

Gestern haben wir – eine wirklich bezaubernde – Dinnerparty gegeben in einer Taverne in einem Bauernhaus ganz in der Einsamkeit. Wir hatten alles bestellt und bekamen einen großen Raum mit einem riesigen Kamin und Feuer, es war ein archaisches Essen und hat herrlich geschmeckt. Wir waren zu sechst: wir, Livio Sichirollo, der Philosoph, und seine Freundin, ein englischer Historiker Alastair Hamilton und seine Frau (eine Principessa Piccolomini). Nachher waren wir noch bei uns, haben hier ein Feuer gemacht und Wein getrunken bis halb zwei. Über Ostern waren unsere florentinischen Freunde hier, auch das war sehr schön. April 1975

14

Wenn ich an unsere Mahlzeiten denke, so ist das nostalgische Moment weniger das Material als der Vollzug, entweder am großen Kamin von Cal Masante, wo wir die Speisen in Tonschüsseln unter und über glühender Asche garen ließen, oder in einer Trattoria, wo wir, meist mit Freunden von der Universität, bei bäuerlichen Mahlzeiten, bei zu schweren Gerichten und zu leichtem Wein, lange Abende verbrachten, um nachts nach Cal Masante zurückzukehren, in tiefe Stille, in der wir nur das Zirpen der Grillen hörten und aus der Schlucht unten das Schlagen der Nachtigallen. Ob diese Laute auf die Dauer erträglich seien, hat uns einmal Günter Eich gefragt. Auf die Dauer sind sie es natürlich nicht, es sei denn, man würde ein anderer, einer, dem nur die Idylle erträglich wäre, der Elegien nicht schreibt, sondern sie lebt. *Ein Abschied von Masante*

15

Wir haben uns endgültig entschieden, Cal Masante abzustoßen, nicht übereilt, aber so allmählich, wenn sich die Gelegenheit bietet. Es wird uns hier einfach zu anstrengend, die Technik des täglichen Lebens erfordert zuviel Zeit, und wir sind zu alt, um uns noch um die Dinge selbst zu kümmern, etwa Holz zu sägen oder eine Reparatur selbst zu machen. Wir genießen also die paar Ausflüge, zu denen uns Zeit bleibt, mit einer gewissen Melancholie, aber doch mit einiger Befriedigung, irgendwie habe ich das Gefühl, die Aufgabe dieses Objekts wird sich später kreativ bemerkbar machen.

Oktober 1976

Tasso, 1972

16

Meine Zeit läuft aus …

Vielleicht zieht bald ein Tag vorbei, der mir gefällt, ein Tag ohne Wind, ein Tag in Masante, so ein grauer trüber nichtsversprechender Donnerstag, ohne Anrufe, ohne Post, ein Tag zum Vertun, dann springe ich mitten hinein mit meinem Regenschirm und lasse mich treiben, über meine böse Stunde hinweg und weiter.

Masante

Wir altern zwar in manchmal wehmütiger Nostalgie, sonst aber gut 1974-1986

Dietmar Polaczek con Mimma, Padre Camillo, Valerio Righini, Marilena Garavatti a cena da Isepponi. Bella serata.

1

Als ich heute vormittag getrocknetes Majoran in ein Fleischgericht rieb (spezzatini alla Christa), fiel mir ein, daß ich Ihnen ja das versprochene Basilikum noch nicht geschickt habe. Das wird morgen nachgeholt. Die diesjährige Ernte war befriedigend, Majoran ging gerade, Salbei schlecht. Diesen Herbst haben wir denn auch die doppelte Fuhre Mist auf die Beete streuen lassen. Dezember 1974

2

Ich verachte jede Art von Dilettantismus und kann doch nicht leugnen, daß ich als Koch ewig Dilettant bleiben werde – was sich vor allem im gelegentlichen Mißlingen eines Gerichtes offenbart. Der professionelle Koch muß sich auf seine Kunst verlassen können, die Hausfrau auf ihre Routine (die bei vielen – ich kenne einige! – zur Kunst geworden ist).

Andererseits hat der Dilettant dem Profi einiges voraus: Er muß nicht, wenn er nicht will, kann über Zeit und Zutat nach Belieben disponieren und ein Mißlingen in Kauf nehmen. Freilich sollte es nicht die Gäste treffen. Ein Ausspruch eines Freundes, des Schriftstellers Walter Jens, nach einer Mahlzeit bei uns: »Mein Lieber! Ich hätte dir das Großartige zugetraut und das genial Mißlungene. Aber das Mittelmäßige – das hätte ich von dir nicht erwartet.« Das war zwar hart, aber in diesem Fall – einem Pilaf – verdient. Immerhin war es die einzige Zurechtweisung dieser Art, die ich erfahren habe. Grundsatz: Keinerlei Experimente bei Gästen! April 1975

3

Mit dem Essen bin ich nun einmal sensibel, da kann man mir mit dem leckersten Ratsherrentopf kommen oder mit opulenten Schwedenplatten, mich bringen keine zehn Pferde zu einem Leichenschmaus. Schlachtplatten oder Schlachtroß sind mir zuwider, ich esse ohnehin kein Pferd, und auch alles Menschliche ist mir fremd. So sah ich neulich in einem Hotel im Schwarzwald auf der Speisekarte eine Herrenschüssel verzeichnet. Dazu möchte ich, wenn es Dir recht ist, schweigen, es fällt mir einfach zuviel *dazu ein. Übrigens esse ich auch kein Huhn, das ich nicht persönlich gekannt habe, und jeder Hasenjäger kann mich mit Hasen jagen.* *Mitteilungen an Max*

Silvia und Wolfgang Hildesheimer mit Siegfried Unseld
Casa Gay, 1975

4

Bei uns geben sich die Leute die Klinke in die Hand. Innerhalb der letzten fünf Tage waren hier: Otl und Inge Aicher Scholl, Iring Fetscher (er ist der – übrigens bedeutende – Politologe der Frankfurter Universität), Krölls (Germanist, Universität Bayreuth), Christiane Zimmer (die Tochter von Hofmannsthal und Witwe des Indologen Heinrich Zimmer), Werner Vordtriede (Germanist der Universität München), Franco Pool ... – manchmal werden dann auch wir in Le Prese zum Essen eingeladen, wie zum Beispiel heute abend von der Hofmannsthal-Tochter – außerdem Mario Negri mit drei Töchtern, Padre Camillo, Padre Davide Turoldo, etc. ...
Übermorgen sind wir auf dem Aprica-Paß von Negris zum Abendessen eingeladen, Mittwoch kommt ein Team des Deutschen Fernsehens, um zum Erscheinen des Mozartbuches einen Film über mich zu machen, die bleiben bestimmt zwei Tage und stülpen die Wohnung um, Donnerstag haben wir nach Tirano zum Essen eingeladen, Freitag kommt der Fotograf Swiridoff (sehr nett!) und möchte eine Collage kaufen ... und so fortan.

August 1977

5

Hier ist's kalt, der große Garst waltet und treibts mit Frau Frust. Jedenfalls sind wir den ganzen Sommer hier, außer vielleicht d. h. sicher vier Tagen im Juli. Wenn ihr kommt, gründen wir eine Partei, die Unsterblichkeit in ihr Programm aufnimmt, aber die darf natürlich nicht allzu viele Mitglieder haben, sonst gibt's bald keinen Wein mehr für uns zu trinken und die Partei säße auf dem trockenen. Es regnet übrigens Bindfaden, aber wer kann die schon brauchen. Ich werde übrigens demnächst Ehrenbürger von Poschiavo. Wirklich! Ich finde das großartig, es spricht doch dafür, daß wir hier keine Ratten und Schmeißfliegen sind. Juni 1980

6
Übersetzungsmöglichkeiten:
Egli parla una lingua brasata = er spricht eine gedämpfte Sprache
Il resto del Carlino = Karlchens Überbleibsel
Senso unico = Einmalige Sinnlichkeit Notat

Silvia und Wolfgang Hildesheimer im Ateliergarten, 1984

7
Die Pläne zu unserem Atelierhäuschen sind fertig, und in vierzehn Tagen wird begonnen. Es wird zauberhaft schön, wie der Denkmalspfleger sagt: eine Primadonna. Allerdings wird es auch ziemlich teuer, aber es ist dafür ein richtiges ›Objekt‹, ein Haus, in dem man auch wohnen könnte. Durch die verschiedenen Dachschrägen ist auch ein Stübchen von 18 Quadratmetern unter dem Dach entstanden, ein sehr schönes Schlafzimmer. März 1980

8
Immerhin habe ich ein Haus gebaut. Es ist noch nicht trocken. Noch stehen die Mauern einigermaßen sprachlos und kalt, während vor den dreifach verglasten Fenstern der Schnee auf Einsilbiges wie Au und Flur, Hain und Pfad, Busch und Strauch, Bach und Teich etc. sowie auf Zweisilbiges wie etwa Buschwerk und Tannicht, Strauchwerk und Buchicht, Pfütze, Tümpel und Weiher heranrieselt. Es handelt sich, wie du dieser Aufzählung entnommen haben dürftest, um Umwelt, die ich übrigens nach Gebühr schütze, sofern sie mich in Frieden läßt, was leider nicht immer der Fall ist. *Mitteilungen an Max*

9
Nach unserem SAAB, der, außer daß er Räder hatte, genau so aussah, wie meine 1944 verstorbene Tante Golda, wollte ich endlich mal einen *schönen* Wagen haben, und da gab es denn nur den Golf. (Einen Kleineren wollten wir sowieso.) Als er vor unserer Tür stand, sagte ich: ›*den* nehm ich nicht!‹ Autofremd, wie ich bin, hatte ich nicht gewußt, daß es einen Golf 2 gibt, und das war er. Es mußte also ein Golf 1 her, und den gab es nur

noch in einer Sonderausführung (Trophy) und als GTI. So kamen wir zu einem Rennwagen. Er ist eng, aber sonst herrlich, metalldunkelgrün, und eben wirklich schön, der einzige schöne Wagen, den wir je gehabt haben.

Wir denken oft an Euch und an die alten Zeiten in Poschiavo, und an die Gespräche über Gott und die Welt, vor allem das letztere. Damals war ich der erste Pessimist. Inzwischen dürftest Du, Otl, der letzte Optimist sein. Januar 1985

10

Da wir nun Fernsehen haben ..., sind wir jetzt viel besser informiert, was seine Vorteile, aber auch seine großen Nachteile hat, denn jetzt *sehen* wir auch all das Entsetzliche, wenn auch nicht aus dem Fernsehen der deutschen Schweiz, das nur für Analphabeten ist und solche, die es werden wollen, sondern aus der italienischen und vor allem aus der französischen Schweiz. Mehr Sender bekommen wir *leider* nicht, wir haben eine ungünstige Position. Leute, die nur etwa dreißig Meter weit westlich wohnen, bekommen auch zwei italienische Sender. Trotzdem haben wir auf der Video-Anlage einige schöne Sachen mitgeschnitten, Konzerte, Fellini-Filme, ›Gianni Schicchi‹ aus der Mailänder Skala etc. Außerdem haben wir eine ganz neue Stereoanlage, natürlich vollelektronisiert, die wir noch gar nicht völlig bedienen können, aber bis du kommst, geht auch das.
Februar 1985

Flaschen, 1981-86

11
Ich hoffe aber sehr, daß wir uns dieses Jahr einmal sehen, denn sehr oft wird das ja nicht mehr vorkommen. Wir altern zwar in manchmal wehmütiger Nostalgie, sonst aber gut, bewußt und gefaßt, wir beklagen uns nicht, d. h. nicht über uns, dafür aber natürlich über alles andere. (›Man kann gar nicht so viel essen, wie man kotzen möchte.‹ Max Liebermann.)

Zu meinem siebzigsten Geburtstag bringt das Schweizer Fernsehen das Mozart-Requiem, höchst adäquat.
Ich selbst schreibe und spreche die Zwischentexte. Ihr seht also, ich schreibe – d. h. ich habe noch nicht angefangen –, aber das eigene Requiem zu schreiben, das wollte ich mir nicht entgehen lassen. Sonst bin ich bei der Beschäftigungstherapie meiner Collagen, mit Überzeugung und Intensität.

[Anfang 1986]

12
Übrigens male ich wieder. Manchmal gegenständlich, manchmal ungegenständlich, manchmal aber auch so gegenstandslos, daß auf dem Bild nichts zu sehen ist, was bei mir immer ein Gefühl tiefer Beruhigung auslöst. *Mitteilungen an Max*

Es ist anders geworden
1987-1991

Es geht uns gut, wir haben kaum etwas verloren. Aber die Verwüstung hier ist furchtbar. Poschiavo wird niemals mehr das gleiche sein.

1

Starker Regen und extrem hohe Temperaturen verursachten in den ersten Juliwochen des Jahres 1987 eine außergewöhnliche Schnee- und Eisschmelze auf dem 3453 Meter hohen Piz Varuna. Im Val Poschiavo schwollen der Hauptfluß Poschiavino und seine Nebenflüsse immer mehr an.

Samstag, 18. Juli 1987: Gegen 22.30 Uhr löste sich aus dem Val Varuna, einem Nebental des Puschlav, eine gewaltige Lawine: 500.000 Kubikmeter Geröll, Fels und Schlamm stürzten talwärts Richtung Poschiavo. Sie stauten den Flußlauf des Poschiavino bei der Toni-Moru-Brücke im Norden. Sogleich bildete sich ein See, der von Minute zu Minute wuchs. Bald brach der natürliche Damm: ein wilder Fluß mit Schutt, Felsblöcken und Baumstämmen bahnte sich seinen Weg ins Dorf. Dort füllte er in kurzer Zeit unterhalb der Brücke das Flußbett des Poschiavino mit Schutt. Als Folge entstanden vier neue wilde Ströme, die sich mit Felsblöcken, Baumstämmen und Schutt durch die Gassen des alten Dorfkerns wälzten. Elektrizität und Telefon wurden unterbrochen, fast alle Häuser der Ortschaft standen unter Wasser.

19. Juli 1987: Zur großen Erleichterung aller hörte der Regen im Laufe des Abends auf.

20. Juli 1987: Nach über dreißig Stunden Arbeit gelang es, die Fluten wieder in das natürliche Bett des Poschiavino zu leiten. Ein unvorstellbar trostloses Bild kam zutage: Schlamm, Schutt, Geröll und Baumstämme türmten sich innerhalb und außerhalb der Häuser bis auf eine Höhe von etwa zwei Meter, geparkte Autos waren von Schlamm bedeckt, mit Schutt gefüllt oder vollständig zerstört.

nach: Cronaca di un disastro

2

Du kannst Dir nicht vorstellen, wie es hier aussieht, oder aussah – die Armee hat schon ziemlich aufgeräumt, was aber bedeutet, daß der zum Teil entsetzliche Schaden jetzt erst sichtbar wird. Es war eine große Zäsur, – Poschiavo wird *nie* mehr so, wie es war, und wir sind plötzlich zu Poschiavern geworden.
Wir selbst haben nur unser Auto verloren, – wie es im Weinkeller aussieht, wissen wir noch nicht, da das Schlammwasser dort bis zur Decke steht. Vielleicht ist der Wein noch trinkbar, und wir werden Rätselparties veranstalten, da die Etiketten bestimmt nicht mehr an den Flaschen sind. Es war nur Veltliner, Toskaner und Südtiroler Wein, außer – allerdings seltenem – Umbrischem. Aber das ist nichts, verglichen mit dem, was andere verloren haben.
Angst haben wir nicht gehabt, haben uns auch nicht aufgeregt und uns nicht, wie viele andere, von den Dächern mit Helikopter abholen lassen, nur sind wir natürlich unendlich traurig, ein wenig ›trostlos‹.

Juli 1987

3

Wirtin: … (*ist aufgestanden und deutet aus dem Fenster*) Haben Sie gesehen? Inzwischen ist der Bahnhof eingestürzt.

Bürgermeister: (*sieht aus dem Fenster*) Jetzt steht nur noch die Bedürfnisanstalt.

Lehrerin: Pfui! Man sollte sie entfernen.

Bürgermeister: Entfernen? Wozu? Soll sie stehen, als Erinnerung, bis sie einstürzt. Sie wird ja nicht mehr benützt. Dieses Dorf hat keine Bewohner mehr. Es ist leer.

Professor: (*angeregt*) Sind Sie sicher, daß es völlig leer ist?

Bürgermeister: (*beachtet ihn nicht*) Keine Gemeinde mehr zu besorgen, keine Kinder zu betreuen, keine Gäste mehr zu bewirten. Die Häuser ausgestorben, hinter den Fenstern ist es schwarz.

Wirtin: Niemand mehr im Dorf!

Bürgermeister: Außer uns.

Wirtin: Und wir? Was tun wir?

Professor: (*eifrig, beinahe erregt*) Jetzt darf ich mich einmischen!

Bürgermeister: Sie?*!* Nein, das dürfen Sie nicht.

Lehrerin: Was geht es Sie an!

Professor: (*unbeirrt*) Was tun wir? – Oder, anders formuliert: was sollen wir tun? Eine schöne, reiche Frage, eine ergiebige Frage, auf die es viele köstliche Antworten gibt, einen ganzen Wald voll Antworten. Aber – *sachlich* – je länger man die Frage vor sich herschiebt, desto lichter wird es im Wald der Antworten. Und schließlich kommt der Punkt, da man sich vergeblich nach einer Antwort umsieht, denn es sind keine mehr da, keine außer der einen, die sich vor einem auftürmt. Sie hier, Sie sind an dem Punkt angelangt. Für Sie gibt es nur eine Antwort: Sie müssen fort. *Die Verspätung*

4

Inzwischen ist es ein wenig besser, aber eine gewisse Gefahr bleibt und wird bleiben, zudem ist auch der Anblick traurig. Natürlich würden wir uns niemals evakuieren lassen und haben uns tatsächlich überlegt, ob wir weggehen sollten. Aber wohin! Überdies kam mir in den letzten Tagen der Gedanke, diese Situation und diese Unsicherheit kreativ auszunutzen – wahrscheinlich die einzige Möglichkeit, in ihr zu bestehen – und daß vielleicht mein opus postumum aus dieser Situation und Gemütslage geschrieben werden müßte. Ich weiß noch nicht, wie das aussähe, aber es wäre wohl wie nichts anderes.

September 1987

5

Ich dagegen bin noch hier und bleibe und lebe, wenn ich den bellenden Hund abziehe – was ich gerne tun würde, aber es gibt hier keine Abdeckerei –, in Ruhe und Frieden. Allerdings sind da noch die Motorsäge, das Läuten und Bimmeln, das Muhen und Krähen, Blöken und Teppichklopfen zu bewältigen. Aber ich bewältige gern, wenn es nicht allzuviel Zeit beansprucht, am liebsten vormittags. Hier sitze ich denn und arbeite an meinem Alterswerk, betitelt: ›Der Schrank in Mythos, Sage und Geschichte‹. Es entspricht übrigens, wie ich mir unentgeltlich habe sagen lassen, einem echten Bedürfnis, denn wer arbeitet denn heute noch an einer Metaphysik des Alltags? Die Frage ist rhetorisch, daher bemühe Dich bitte nicht um eine Antwort, es sei denn, Du schreibst selbst an einem solchen Thema.

Mitteilungen an Max

6

Wir hatten ja einen grauenvollen Februar und einen fast genauso schlimmen März und wollen kein weiteres Mal um diese Zeit hier sein. Und nun wollen wir uns etwas in einem besseren Klima suchen, wo man zumindest vier Wochen bleiben kann, nächstes Jahr. Natürlich wäre Sizilien das Richtige oder der Golf von Sorrent, aber wir wollen doch versuchen, uns etwas Näheres zu suchen. Die italienische Riviera vielleicht, Bordighera oder Rapallo. Zunächst aber wollen wir uns im Mai noch mal Meran ansehen, und dann den südlichen italienischen Teil des Lago Maggiore.

Hier wird überall wahnsinnig gearbeitet, auch in unserem Hausflur rührt es sich. Er sah im Winter grauenhaft aus und hat sicher Wesentliches zu unserer Wintermelancholie beigetragen. Natürlich hat sich hier einiges geändert, Lokale und Läden haben Besitzer gewechselt, es ist anders geworden. Du wirst ja sehen. April 1988

7

Ich werde immer schreibfauler. Dabei sollte ich mich jetzt an einen kurzen Essay machen, für eine von Peter Sloterdijk herausgegebene Sammlung über die schwindende Zukunft – mein Thema seit langem.

Mich wundert ja immer wieder, daß jede Katastrophe als Überraschung kommt, so als dächten alle, das würde nicht passieren. Die internationale Wissenschaftlerkonferenz, die jetzt in London getagt hat, gibt der Erde immerhin noch vierzig Jahre zu leben, aber ich halte das für sehr optimistisch. Das Ozonloch nimmt schneller zu, als man gedacht hat, der Treibhaus-Effekt potenziert sich ebenfalls schneller. 15 Prozent der Regenwälder sind schon gerodet …

Die Klimaänderungen werden jetzt deutlich. Juli 1988

8

Der Literaturbetrieb hat mich überhaupt nicht interessiert. Natürlich, auch ich war ehrgeizig, wie alle Leute ehrgeizig sind, ich wollte Erfolg haben. Der Unterschied zwischen den andern und mir war nur, ich begehrte nicht, bei dem Erfolg dabeizusein, ich wollte abseits bleiben. September 1989

Wolfgang Hildesheimer mit Christiaan L. Hart Nibbrig und Gian Pedretti (links) im Eßzimmer der Casa Gay, August 1989

9

Ich wäre gern ein anderer geworden, Du auch? Zum Beispiel Marktforscher mit einem eigenen Institut und zwei Assistenten. Ich würde mit meiner Forschung bei den Ursprüngen ansetzen, den Märkten zu assyrischer Zeit, über die viel zu wenig bekannt ist. Dann zur Agora von Athen zu perikleischer Zeit und weiter über die mittelalterlichen Kirmessen mit Maibaum, Blutwurstbuden und Ablaßkrämereien, zwischen denen die Fiedel, der Zinken und das Krumbholz dem Volke zum Veitstanz aufspielten, während an den Stein- und Bretterwänden die Besoffenen, die Krüppel und Aussätzigen sich wälzten, ihren Hirsebrei löffelten und brüllend und lallend ihre fetten Almosen verspielten – das muß übrigens ein ohrenbetäubender Lärm gewesen sein, so daß man sein eigenes Wort nicht mehr verstand, aber damals gab es noch nicht so viele Wörter, und eigene schon ganz und gar nicht. Ich finde es ja völlig gleichgültig, ob man sein eigenes Wort versteht oder nicht, solange es der versteht, an den es gerichtet ist. Aber ich weiß, daß viele anders darüber denken, was aber nicht hilft: sie werden ihr eigenes Wort niemals verstehen.

Mitteilungen an Max

10
Ich habe jetzt das Gefühl, die Arbeit ist getan, und was jetzt geschieht, ist ein Lebensabend, an dem ich tun und lassen kann, was ich will, an dem ich arbeiten kann. Arbeit ist etwas sehr Wesentliches. Ohne Arbeit hat das Leben keinen Zweck. Jetzt ist der Punkt gekommen, wo ich auf mein Leben zurückblicke und sagen muß, daß ich ein sehr schönes Leben gehabt habe, verglichen mit vielen anderen, die unter den Umständen und den Katastrophen viel mehr zu leiden hatten als ich. Es war sehr schön, und manchmal habe ich tatsächlich ein schlechtes Gewissen, daß es mir eigentlich immer gutgegangen ist.

April 1990

11
Wenn ich es mir heute richtig betrachte, ist Bildende Kunst erst einmal mein Beruf an sich, und jetzt hat sie natürlich noch eine Funktion einer Flucht bekommen. Das heißt, das Arbeiten mit den Mitteln der Bildenden Kunst ist für mich befriedigend, weil es von der Realität viel stärker ablenkt. Die Gedanken sind auf eine andere Art eingeschaltet. Ich brauche nicht nachzudenken über unsere Zeit und über die Menschen.

Ich tauche weg und muß über Materialien nachdenken. Ich muß über das Handwerkliche nachdenken. Die vordergründige Beschäftigung ist im Handwerklichen, und dadurch entrückt man der Zeit völlig. Ich würde sagen, das sind die Augenblicke, in denen ich glücklich bin. April 1990

12

Gesprochene Wörter sind eben doch viel flüchtiger und zeitabstoßender als das geschriebene – ein Topos – und ich weiß nicht, ob es anderen Autoren so geht wie mir: nach jedem Interview oder Mediengespräch habe ich das Gefühl, daß ich der Sache, um die es ging, nicht nah genug gekommen bin und daß man dies oder jenes anders, plausibler hätte formulieren sollen. Ganz abgesehen von den vielen Versprechern, ich bin ja ein großer Versprecher, manchmal denke ich, es sei unbewußte Absicht. Denn ich bin ja nicht gern zu deutlich (und auch nicht in allem deutbar.)

November 1990

13

Ich bin eben, wie ich hinlänglich demonstriert zu haben hoffe, immer wieder ein andrer, hoffnungslos und hoffnungsvoll zugleich, abgeklärt und aufgeklärt, abgekehrt und zugekehrt, unscheinbar und doch auf eigentümliche Weise scheinbar. Kurz, wenn ich den Mund einmal vollnehmen darf, ein Polyhistor meiner selbst und meiner Umgebung, der sich nur allzugern auf Abwege begibt und sich dabei aus den Augen verliert, solange uns noch Abwege und Augen offenstehen.

Mitteilungen an Max

14

Silvia und mir geht es gut. Silvia arbeitet im Augenblick meist im Garten, d. h. in den Gärten, und ich mache Collagen.

Am 21. November beginnt meine Ausstellung in Wien, am 28. November wird meine Ausstellung in Zürich im Stadthaus eröffnet. Wenn die Ausstellungen unter Dach und Fach sind, habe ich vor, einen Essay zu schreiben, und zwar über den letzten Macbeth-Monolog. Zuerst hatte ich vor, ihn zu den postu-

Wildlife, 1991

men, oder vielmehr nachzulassenden, Notizen zu tun, aber er wird wohl etwas gewichtiger. Allerdings kein Buch, höchstens eine geheftete Weihnachts- oder Neujahrsgabe. Die Sache beschäftigt mich schon seit langem. Mai 1991

15

Im Augenblick ist irrsinnig viel los bei uns, es ist ein Betrieb, der ungeheuerlich ist. Wir haben vor, für zwei, drei Tage nach Guarda zu fahren, wo Christiaan Hart Nibbrig ist. Dann weiß ich nicht genau, es kommt meine Schwester aus Israel. Ich meine, der Geburtstag wirft natürlich schon seine Schatten voraus.
Juli 1991

Epilog

Und dann, eines Nachts, löst man sich zum letzten Mal die Schnürsenkel …

Wolfgang Hildesheimer im Garten der Casa Gay, Juli 1991

1

Im Spätsommer ist übrigens der Sensenmann vorübergeritten. Wir standen noch untätig vor der zweiten Mahd, noch standen Butterblume, Kartoffelkraut und Blattspinat in voller Blüte, es wehte durchs Espenlaub, die Wiesen waren noch nicht unverblümt, Mauersegler und Kropfschwalben zogen allabendlich und allfürchterlich kreischend über meinen und andere Standpunkte, der Salat stand kurz vor dem Schießen – da reitet doch tatsächlich dieser Sensenmann heran. Leicht klappernd und knirschend saß er ein wenig gebeugt – er ist ja der Jüngste nicht mehr, was er mit uns gemeinsam hat – im Sattel seiner Schindmähre. Wir hatten einander lange nicht gesehen – genaugenommen hatten wir uns noch nie gesehen, aber so genau nehme ich es mit dieserlei Begegnungen nicht, und ich weiß, warum!

Mitteilungen an Max

Auf dem Luftbild von Poschiavo sieht man in der linken unteren Ecke die ›Casa Gay‹, Wolfgang Hildesheimers letzten Wohnsitz, und zwei Häuser weiter hinten, bei den beiden Tannen, das ›Vecchio Monastero‹. Heute ist das Kloster ein Kulturzentrum, mit einer Dauerausstellung seiner Collagen. Auf halber Höhe am rechten Bildrand liegt, unter den Bäumen, der protestantische Friedhof mit dem Grab von Wolfgang Hildesheimer.

2

Wer weiß, daß Wolfgang Hildesheimer Schweizer war? Er starb als Ehrenbürger von Poschiavo, einer dorfgroßen Talkapitale im italienisch sprechenden Puschlav. Als er begraben wurde, läuteten – für ihn, den Juden! – zum ersten Mal in der Geschichte des Tals die Glocken der katholischen *und* protestantischen Kirchen gemeinsam.

Was habe ich ihn geliebt, ihn selber und seine Bücher. *Sein* Tod hat mich erschüttert, mehr als die öffentlich so viel deutlicher wahrgenommenen Tode von Max Frisch und Friedrich Dürrenmatt. Wolfgang Hildesheimer sang eine Melodie, die mir vertraut war. Ich konnte da schon ein bißchen mitbrummen. Und er war der witzigste Mensch, den man sich denken kann. Er sah mehr und mehr wie Moses aus – sein Vater war Rabbiner gewesen –, und dank ihm kann ich mir einen *lachenden* Moses vorstellen.

Ich mag alle seine Bücher. Aber am liebsten sind mir jene »Mitteilungen an Max«, die ihren Empfänger, Max Frisch, eher irritiert als entzückt haben sollen und deren letzter Satz so lautet: »Es wird uns alles vergehen, lieber Max, das Hören und das Sehen, als erstes aber das Lachen.« So kam es dann, etwa.

Urs Widmer

Anmerkungen

… und schloß die Augen und tat eine Weile so, als
wäre ich zurückgekehrt zu irgendeiner schönen,
vergangenen Jahreszeit

Elsa Morante, Arturos Insel

ITALIEN WAR HERRLICH

3 Das Alpenquertal war das von Wolfgang Hildesheimer später so geliebte Veltlin (ital. Valtellina), siehe Seite 40ff.

5 Die Villa Barbarigo ist bei Valsanzibio in den Euganeischen Hügeln (ital. Colli Euganei), Region Venetien, südwestlich der Stadt Padua. Im Park sind inmitten alter Baumbestände u. a. Wasserspiele, Fischteiche, Brunnen, Gartenskulpturen, von hohen Hecken gesäumte Alleen und das von Wolfgang Hildesheimer beschriebene Heckenlabyrinth (*Tynset*, 1965)

8 Giuseppe Ungaretti, *Reisebilder*. Deutsch von Silvia Hildesheimer, Frankfurt am Main 1963 (Bibliothek Suhrkamp 93), S. 106: »Wir setzten uns zu Tisch, und zu dem Bosco-Wein – er ist schwarz und moussierend, und er hinterläßt einen leicht salzigen Geschmack – schmecken die Aale vorzüglich.«

9 Wolfgang Hildesheimer plante ein Buch über Papst Johannes XXIII., später hat er das Projekt »aus Gründen der allzu fernen Materie aufgegeben«

12 Friedrich Nietzsche, *Venedig*
An der Brücke stand / jüngst ich in brauner Nacht. / Fernher kam Gesang: / goldener Tropfen quoll's / über die zitternde Fläche weg. / Gondeln, Lichter, Musik – / trunken schwamm's in die Dämmerung hinaus …
Meine Seele, ein Saitenspiel, / sang sich, unsichtbar berührt, / heimlich ein Gondellied dazu, / zitternd vor bunter Seligkeit. / – Hörte jemand ihr zu? …
(KSA, Bd. 6, S. 420f.)

13 Tochter Inge Thurner lebt mit ihrer Familie in Mailand
Heinrich Böll, Schriftsteller, starb im Juli 1985
Giuseppe Bevilacqua, Literaturwissenschaftler an der Universität Florenz, Übersetzer und Essayist

1 Poschiavo, der Hauptort des Puschlav (ital. Val Poschiavo) im südlichsten Teil des Schweizer Kantons Graubünden, ist geprägt von der Nähe des italienischen Nachbarn: drei Seiten der italienischsprachigen Gemeinde grenzen an Italien.
Das Val Poschiavo hat eine einmalige geographische Struktur, weil es in nicht mehr als 25 km einen Höhenunterschied von ca. 2000 m überwindet. Es verbindet die Schnee- und Eisregion des Berninapasses (2330 m) mit der Ebene des Addaflusses und den sonnigen Weinbergen im Veltlin (ital. Valtellina).
Innerhalb weniger Kilometer erfolgt ein Übergang von alpiner in mediterrane Vegetation

4 Silvia und Wolfgang Hildesheimer übersiedelten 1957 von München nach Poschiavo. Bis 1961 wohnten sie im Devon House (Via dei Palazzi, 104)

8 Albergo Suisse in der Via da Mez

10 Giorgio Morandi, Maler und Grafiker

11 Siehe Foto S. 32

13 Ende 1961 zogen Silvia und Wolfgang Hildesheimer in die Casa Gay (Via dal Cunvent, 58), wo Silvia Hildesheimer noch heute lebt

15 Siehe dazu Kapitel ›Italien war herrlich‹, Anmerkung 8

17-20 Padre Camillo de Piaz und Padre Davide Turoldo spielten (von der Mailänder ›Corsia dei Servi di Maria‹ aus, wo sie lebten) eine bedeutende Rolle im kulturellen Leben Italiens der Nachkriegsjahre. Padre Turoldo war darüber hinaus auch Dichter.
Padre Camillo de Piaz lebt heute zurückgezogen im Veltlin, im Servitenkloster in Madonna di Tirano
Angelo Vaninetti, Maler, Regoledo di Cosio
Anna Meucci und ihr Mann Gianpaolo, Richter, aus Florenz
Ristorante ›La Corna‹ di Brunella Matilde & C., Via della Chiesa, 9
I-23030 San Giacomo di Teglio (Sondrio)

Foto, Seite 41: Rechts neben Wolfgang Hildesheimer und Padre Camillo; Don Sandro Pronzato, Priester und Schriftsteller, Padre Giulio Signori und Servitenpater Don Abramo Levi, Priester und Schriftsteller

19 Chi tocca muore! – Wer berührt, stirbt!

CAL MASANTE DI SOPRA

1 Kauf des Bauernhofs ›Cal Masante‹ in Trasanni bei Urbino im Jahr 1966 als zweiten Wohnsitz

3 Die Provinzhauptstadt Urbino liegt in der ital. Region Marken, südwestlich von Pesaro. Ihr Name ist abgeleitet von »urbs bina« (beide Städte). Damit ist ihre Lage auf zwei Hügeln, zwischen dem Metauro- und dem Foglia-Tal, gemeint. In dem ständigen Bergauf-Bergab der mit Ziegeln gepflasterten Straßen oder Treppen herrscht reges studentisches Leben. Urbino, die Heimatstadt von Raffael (1483-1520), war in der Renaissance ein bedeutendes Kunstzentrum mit großartigen Bauten

6 Carlo Bò, Romanist, Rektor der Universität Urbino

10 Fest des kostbaren Blutes, Irenäus und Helmuth sind Kalendertage. Weine vom Landhaus von Inge und Franz Thurner in Mornico Losana (Provinz Pavia)
Umberto Eco, Philosoph und Schriftsteller

14 Günter Eich, Schriftsteller

15 Verkauf von ›Cal Masante‹ im Jahr 1980

WIR ALTERN ZWAR IN MANCHMAL WEHMÜTIGER NOSTALGIE, SONST ABER GUT

Dietmar Polaczek, Journalist und Schriftsteller / Valerio Righini, Bildhauer und Maler / Marilena Garavatti, Malerin / Dino Isepponi, Inhaber einer Druckerei und des Ristorante ›Motrice‹ in Poschiavo

Foto, Seite 60: Siegfried Unseld, Literaturwissenschaftler, Verleger von Wolfgang Hildesheimer

4 Otl Aicher, Graphiker, und Inge Aicher-Scholl waren Mitgründer der Ulmer Volkshochschule und der Hochschule für Gestaltung Ulm
Franco Pool, langjähriger Programmleiter Kultur im Radio der ital. Schweiz
Zu Padre Camillo und Padre Davide Turoldo, siehe Kapitel ›Eigentlich gehört es geographisch zu Italien‹, Anmerkung 17
Mario Negri, Bildhauer
Mozartbuch: *Mozart*, Frankfurt am Main 1977

9 Otl Aicher, siehe Anmerkung 4

11 Mozart-Requiem: *»Herr, gib ihnen die ewige Ruhe nicht«. Gedanken über Leben und Tod – und über Mozart.* Gemeinschaftsproduktion des Schweizer Fernsehens DRS mit der ARD, Radio Bremen, 23.11.1986

ES IST ANDERS GEWORDEN

7 Wolfgang Hildesheimer schrieb dann doch keinen Essay für den von Peter Sloterdijk herausgegebenen edition suhrkamp-Band *Vor der Jahrtausendwende: Berichte zur Lage der Zukunft (es 1550)*

Foto, Seite 74: Gian Pedretti, Maler, Christiaan Lucas Hart Nibbrig, Literaturwissenschaftler und Essayist, Mitherausgeber der *Gesammelten Werke* von Wolfgang Hildesheimer

15 Christiaan Lucas Hart Nibbrig, siehe Foto S. 74
Schwester Eva Teltsch lebt in Haifa
Wolfgang Hildesheimers 75. Geburtstag am 9. Dezember 1991

EPILOG

2 Wolfgang Hildesheimer starb am 21. August 1991 in Poschiavo
Urs Widmer, Schriftsteller

Textnachweise

Abkürzungen:
AdK Stiftung Archiv der Akademie der Künste, Berlin
ASV Archiv des Suhrkamp Verlags, Frankfurt am Main
DLA Deutsches Literaturarchiv, Marbach am Neckar
MFA Max Frisch-Archiv der ETH Zürich
SH Silvia Hildesheimer, Poschiavo

ITALIEN WAR HERRLICH

Zitat: Brief an die Eltern, 7. 10. 1947 (AdK)
1 Brief an die Eltern, Frühjahr 1937 (AdK)
2 Brief an die Eltern, 13. 9. 1947 (AdK)
3 Brief an die Eltern, 8. 10. [1954] (AdK)

4 *Der schiefe Turm von Pisa. Spiel in einem Akt.* Theatertyposkript, Herst. Walter Ruppert, Frankfurt am Main, o. J., S. 6f.
5 Notat mit Zeichnung zu ›Tynset‹, Tagebuchblatt o. J. (AdK)
6 *Tynset*, Frankfurt am Main 1965, S. 96f.
7 *Bremer Literaturpreis 1966*. Hg. v. Volksbüchereien der Freien Hansestadt Bremen, Bremen o. J., S. 11
8 Notiz aus dem Tagebuch, 31 .5. 1966 (AdK)
9 Brief an Eva Teltsch, 29. 3. 1971 (AdK)
10 Brief an Eva Teltsch, 23. 6. 1984 (AdK)
11 Brief an Eva Teltsch, 23. 2. 1985 (AdK)
12 *Masante*, Frankfurt am Main 1975, S. 165
13 Brief an Inge und Walter Jens, [Frühjahr 1986], in: *Wolfgang Hildesheimer. Briefe*. Hg. v. Silvia Hildesheimer und Dietmar Pleyer, Frankfurt am Main 1999, S. 336
14 Brief an Eva Teltsch, 24. 5. 1988 (AdK)
15 *Ich werde nun schweigen. Wolfgang Hildesheimer im Gespräch mit Hans H. Hillrichs* in der Sendereihe *Zeugen des Jahrhunderts* im Zweiten Deutschen Fernsehen. Erstsendung am 8. April 1990. Das Buch zur Sendung wurde hg. v. Ingo Hermann, Göttingen 1993, S. 107
16 *Mitteilungen an Max über den Stand der Dinge und anderes*, Frankfurt am Main 1983, S. 58

EIGENTLICH GEHÖRT ES GEOGRAPHISCH ZU ITALIEN

Zitat: Manfred Durzak, *Gespräche über den Roman. Formbestimmungen und Analyse*, Frankfurt am Main 1976, S. 295
1 Brief an die Mutter, 26. 8. 1956 (AdK)
2 Brief an Walter Höllerer, 8. 12. [1957], in: *Wolfgang Hildesheimer. Briefe*, a. a. O., S. 75
3 *Erlebnis des Unerwarteten*, in: Merian 14/8 (Das Engadin), 1961, S. 34
4 Brief an Toni und Hans Werner Richter, 6. 8. 1957 (AdK)
5 *Mitteilungen an Max*, a. a. O., S. 30f.
6 Brief an die Mutter, 25. 11. 1957 (AdK)
7 *Der Autor als Übersetzer – der übersetzte Autor*, in: Colloquium Helveticum 3. Schweizer Hefte für Allgemeine und Vergleichende Literaturwissenschaft, Bern – Frankfurt am Main – New York, 1986, S. 99ff.
8 Brief an die Mutter, 8. 1. 1958 (AdK)

9 *Rezept*, in: Akzente. Zeitschrift für Dichtung. Hg. v. Walter Höllerer und Hans Bender, München, 5/1958, S. 386
10 Brief an die Mutter, 8. 1. 1958 (AdK)
11 Brief an Herbert Hauck, 25. 5. 1961 (SH)
12 *Tynset*, a. a. O., S. 19ff.
13 Brief an Hans Werner Richter, [September 1961] (AdK)
14 Brief an Hans Werner Richter, 30. 12. 1961 (AdK)
15 Brief an Karlheinz Braun, Weihnachten 1962 (ASV)
16 Brief an Klaus Ramm und Dierk Rodewald, 4. 7. 1966 (DLA)
17 *Meine Landschaft. Wahrheit, Wein und Leiden*, in: Die Zeit, 30. 9. 1966
18 Notiz aus dem Tagebuch, 25. 5. 1966 (AdK)
19 *Masante*, a. a. O., S. 208f.
20 Brief an Eva und Ernst Teltsch, 14. 11. 1969 (AdK)

CAL MASANTE DI SOPRA

Zitat: Brief an Klaus Ramm und Dierk Rodewald, 11. 8. 1969 (DLA)
1 Brief an Eva und Ernst Teltsch, [28. 3. 1966] (AdK)
2 Brief an Eva und Ernst Teltsch, [28. 3. 1966] (AdK)
3 *Ein Abschied von Masante*, in: Frankfurter Allgemeine Zeitung, 10. 10. 1980, Magazin, S. 26
4 Brief an Marianne und Max Frisch, [10. 6. 1969] (MFA)
5 *Masante*, a. a. O., S. 61f.
6 Brief an Eva und Ernst Teltsch, 18. 6. 1969 (AdK)
7 *Da nahm der Koch den Löffel. Ein kulinarisches Lesebuch*. Hg. v. Gertrud Frank, München 1977, S. 58f.
8 Brief an Toni und Hans Werner Richter, [Juli 1969] (AdK)
9 *Masante*, a. a. O., S. 60f.
10 Brief an Dierk Rodewald, 7. 7. 1973 (DLA)
11 Brief an Eva und Ernst Teltsch, 6. 4. 1975 (AdK)
12 *Masante*, a. a. O., S. 91
13 Brief an Eva und Ernst Teltsch, 6. 4. 1975 (AdK)
14 *Ein Abschied von Masante*, a. a. O., S. 26
15 Brief an Familie Bott, 17. 10. 1976 (SH)
16 *Masante*, a. a. O., S. 376f.

WIR ALTERN ZWAR IN MANCHMAL WEHMÜTIGER NOSTALGIE, SONST ABER GUT

Zitat: *Signatur 11 – Wolfgang Hildesheimer*, hg. v. Hans Theo Rommerskirchen, Remagen-Rolandseck 1989, unpag.

1 Brief an Dierk Rodewald, 5. 12. 1974 (DLA)
2 *Erst exerzieren, dann probieren*, in: STERN Nr. 16/1975, S. 143
3 *Mitteilungen an Max*, a. a. O., S. 50
4 Brief an Eva Teltsch, 23. 8. 1977 (AdK)
5 Brief an Urs Widmer, 22. 6. 1980 (SH)
6 Notat, in: *Nachlese*, Frankfurt am Main 1987, S. 49
7 Brief an Eva Teltsch, 23. 3. 1980 (AdK)
8 *Mitteilungen an Max*, a. a. O., S. 9
9 Brief an Otl Aicher und Inge Aicher-Scholl, 29. 1. 1985 (SH)
10 Brief an Eva Teltsch, 23. 2. 1985 (AdK)
11 Brief an Inge und Walter Jens [Anfang 1986], in: *Wolfgang Hildesheimer. Briefe*, a. a. O., S. 335
12 *Mitteilungen an Max*, a. a. O., S. 49

ES IST ANDERS GEWORDEN

Zitat: Brief an Jean-Rodolphe von Salis, 25. 7. 1987 (AdK)

1 *Val Poschiavo, 18/19-7-1987. Cronaca di un disastro.* Vanno al Fondo Solidarietà Poschiavina. Stampato in offset dalla Tipografia Menghini, Poschiavo, ottobre 1987
2 Brief an Siegfried Unseld, 24. 7. 1987 (ASV)
3 *Die Verspätung. Ein Stück in zwei Teilen*, Frankfurt am Main 1963 (edition suhrkamp 13), im Dialog. Neues deutsches Theater, S. 80f.
4 Brief an Siegfried Unseld, 1. 9. 1987 (ASV)
5 *Mitteilungen an Max*, a. a. O., S. 62
6 Brief an Eva Teltsch, 13. 4. 1988 (AdK)
7 Brief an Eva Teltsch, 8. 7. 1988 (AdK)
8 Heinz Kerle, *»Dabei war ich ja eigentlich schon tot«. Ein Interview mit Wolfgang Hildesheimer über seine Malerei, seine Literatur, seinen Nachlaß und den Tod*, in: Die Weltwoche Nr. 36, 7. 9. 1989, S. 65
9 Mitteilungen an Max, a. a. O., S. 17 u. 23f.
10 *Ich werde nun schweigen*, a. a. O., S. 105
11 *Ich werde nun schweigen*, a. a. O., S. 101
12 Brief an Christiaan L. Hart Nibbrig, 2. 11. 1990 (AdK)

13 *Mitteilungen an Max*, a. a. O., S. 63
14 Brief an Siegfried Unseld, 2. 5. 1991 (ASV)
15 Heinz Kerle, »*Was wissen wir schon, was die Zukunft bringt ...« Das letzte Interview mit Wolfgang Hildesheimer in seinem Atelier in Poschiavo*, in: Sonderdruck Magazin der Bündner Zeitung vom 7. 12. 1991

EPILOG

Zitat: *Masante*, a. a. O., S. 342
1 *Mitteilungen an Max*, a. a. O., S. 41
2 Urs Widmer, *Fragmentarisches Alphabet zur Schweizer Literatur*, in: Text+Kritik. Zeitschrift für Literatur, Sonderband ›Literatur in der Schweiz‹. Hg. v. Heinz Ludwig Arnold, München 1998, S. 10

Bildnachweise

Seite
6 *Wunschtraum*, 1991, Collage, 178 × 240 mm
Besitz: Silvia Hildesheimer
16 Wolfgang Hildesheimer in Venedig, 20. 9. 1954
Foto: privat / Akademie der Künste Berlin
19 Tagebuchblatt o. J. Akademie der Künste Berlin
in: *Signatur 11 – Wolfgang Hildesheimer*, hg. v. Hans Theo Rommerskirchen, Remagen-Rolandseck 1989, unpag.
22 *Colli Euganei*, Skizze o. J.
23 *Küste mit Phänomenen*, Collage 1983, 167×188 mm
in: *du*. Die Kunstzeitschrift 11/1983, Zürich, S. 70
32 Via dei Palazzi in Poschiavo, o. J.
Foto: privat / Silvia Hildesheimer
37 *Nachtstück*. Federzeichnung 1965, 196×148 mm
in: *Der Georg-Büchner-Preis 1951-1987*. Eine Dokumentation, München 1987, S. 198
38 Blick auf die Casa Gay in Poschiavo, o. J.
Foto: Petra Stein / Dietmar Pleyer
41 Wolfgang Hildesheimer mit Padres von Tirano, o. J.
Foto: privat / Akademie der Künste Berlin

47 *Urbino*, Bleistiftzeichnung 1966
Besitz: Silvia Hildesheimer
48 Cal Masante di Sopra bei Urbino, 1977
Foto: privat / Silvia Hildesheimer
51 Wolfgang Hildesheimer in Cal Masante, 1977
Foto: privat / Silvia Hildesheimer
55 *Tasso*. Collage 1972, 160 x 215 mm
in: *Wolfgang Hildesheimer. Disegni e Collages*, Aula Magna del Collegio ›Raffaello‹, 23 ottobre – 14 novembre 1976, Citta di Urbino
60 Silvia und Wolfgang Hildesheimer mit Siegfried Unseld, 1975
Foto: privat / Akademie der Künste Berlin
62 Silvia und Wolfgang Hildesheimer im Ateliergarten, 1984
Foto: privat / Silvia Hildesheimer
65 *Flaschen*, Collage 1981-86, 122×172 mm
Besitz: Silvia Hildesheimer
74 Wolfgang Hildesheimer, Chr. L. Hart Nibbrig, Gian Pedretti, 1989
Foto: privat / Silvia Hildesheimer
77 *Wildlife*. Collage 1991, 210×177 mm
Besitz: Silvia Hildesheimer
80 Wolfgang Hildesheimer im Durchgang zum Garten, Casa Gay, 25.7.91
Foto: Yvonne Böhler / Akademie der Künste Berlin
82 Luftbild von Poschiavo, o. J.
Foto: privat / Arno Jochum

MEIN DANK

gilt Silvia Hildesheimer und Christa Geitner

Inhalt

Bezugspapier: Flaschen, 1981-1986, Collage von Wolfgang Hildesheimer.
Gesetzt in der Schrift Sabon. Gedruckt auf holzfreies, alterungsbeständiges, mattgestrichenes Papier der Firma Geese, Hamburg, vom Memminger MedienCentrum, Memmingen. Gebunden in Fadenheftung von der Buchbinderei Spinner, Ottersweier.
Printed in Germany. Erste Auflage 2006.
ISBN 3-458-19284-0
(978-3-458-19284-8)

1 2 3 4 5 6 – 11 10 09 08 07 06